Katrin Bliedtner-Sisman/Susanne Gärtner

Aufbruch in den Raunächten

dielus
dielus edition
Bücher für ein besseres Leben

KATRIN BLIEDTNER-SISMAN / SUSANNE GÄRTNER

AUFBRUCH IN DEN RAUNÄCHTEN

MEDITATIONEN, RITUALE UND PRAKTISCHE ÜBUNGEN
FÜR DIE HEILIGEN TAGE UND EIN ANDERES JAHR DANACH

Aufbruch in den Raunächten, Susanne Gärtner/Katrin Bliedtner-Sisman

Dieses Buch wird von einem unabhängigen Buchverlag verlegt. Es wird versichert, dass keine Beteiligungen durch internationale Investorengruppen, Großverlage oder sonstige Konzerne bestehen. Der Inhalt dieses Ratgebers folgt ausschließlich unabhängigen und fachlich orientierten Gesichtspunkten.

Hintergrundgrafik Umschlag
sowie dreimal im Innenteil: ©iStock.com/enjoynz
Umschlaggestaltung: dielus edition
Lektorat: Manuela Winkler
www.text-und-ko.net
ISBN: 978-3-9820125-0-6

Made and printed in Germany

Bibliografische Information der Deutschen Bibliothek: Die Deutsche Bibliothek verzeichnet diese Publikation in der Deutschen Nationalbibliografie; detaillierte bibliografische Daten sind im Internet abrufbar über https://portal.d-nb.de.

HAFTUNGSAUSSCHLUSS

Die in diesem Buch enthaltenen Meditationen, Übungen, Rituale oder sonstigen Inhalte werden von den Autorinnen und dem Verlag nach bestem Wissen und Gewissen publiziert.

Ansprüche an die Autorinnen und den Verlag auf Ersatz bei jeglichem mittelbaren und unmittelbaren Schaden sind ausgeschlossen, denn dieses Buch gibt keine Anleitung zur Selbsttherapie. Alle aufgeführten Aussagen der Autorinnen erheben keinen Anspruch auf Allgemeingültigkeit. Sie sollen Leser oder sonstige Betroffene lediglich informieren und müssen im Einzelfall individuell angepasst werden.

Inhaltsverzeichnis

Vorworte

Vor mehr als 20 Jahren bekam ich meine Kinder und der Stress ließ nicht lange auf sich warten. Es gibt wenig, was einen so an seine eigenen Grenzen bringen kann, wie schlaflose Nächte mit zahnenden, unleidlichen Kindern. All Deine Geduld ist aufgebraucht und vor Erschöpfung möchtest Du nur noch tagelang komatös schlafen. Dabei ist die Zeit in den ersten Lebensjahren der Kinder von so viel Entwicklung und Veränderungen geprägt. Jeden Tag können sie voller Stolz etwas Neues. Also begann ich, Yoga zu machen.

Was sich für mich dabei auftat, war die Wohltat der Meditation. Ich setzte mich erst dazu hin, wenn die Familie im Bett war, ganz egal wie spät es war. Für mich war diese Zeit wertvoller als eine Mütze voll Schlaf. Der Gewinn an Energie war größer, auch wenn das ein oder andere Mal mein Kopf ruckartig in die Höhe schoss, weil mein Körper doch die Stille nutzte, um in den Schlaf hinüberzugleiten. Dennoch war ich ausgeglichener und hatte mehr Energie.

Außerdem kam ich mit den verschiedensten Energien in Berührung. Dabei entwickelten sich meine Sinne und ich nahm auf der feinstofflichen Ebene noch mehr wahr.

Allein unser Körper besitzt eine unglaubliche Weisheit und ist immer auf Heilung sowie das Beste für uns ausgerichtet. Es begann sich mir die Wirkung des Unterbewusstseins auf mein Leben zu erschließen. Aber auch Energien, die ich festhielt, weil ich in Trauer und Kummer erstarrt war. Und so begann mein ganz eigener Weg. Ich folgte dabei ganz einfach den Themen und Techniken, die mich in Begeisterung versetzten.

Die Raunächte nahmen dabei Jahr für Jahr einen immer größeren Raum ein. Die Kinder wuchsen aus ihren Sachen heraus und beschäftigten sich auch mal mit sich selbst. Ich erlaubte mir, mir mehr und mehr Zeit für mich zu nehmen. Dies ist auch ein wichtiger Entwicklungsschritt für uns Eltern. Das Leben der Kinder geht auch mal ohne uns weiter.

Für mich ganz persönlich sind die Raunächte eine magische Zeit. Wir sind sowieso mehr an das Haus gebunden. Ich liebe es dann besonders, das Kerzenlicht ausgiebig in der ganzen Wohnung zu verteilen sowie mit Raumdüften zu experimentieren, Karten zu legen, der Stille zu lauschen und vor mich hin zu träumen. Das schließt nicht aus, dass ich mit den Vorbereitungen für das Essen beschäftigt bin und später wie alle anderen am Herd stehe. Doch ich liebe es, ab und zu alle aus der Küche zu werfen und für mich in meinen ganz eigenen Gedanken zu verweilen und friedlich vor mich hin zu arbeiten. Danach können all die anderen wieder nach Lust und Laune helfen.

Dazu ist es nur wichtig, sich und seine Bedürfnisse auch zu spüren. Ich kann mich mit kleinen Zeitfenstern der Ruhe auch während der Arbeit verwöhnen. Wenn ich als Mutter Kraft und gute Nerven habe, dann erst kann ich doch selbst eine Unterstützung für die anderen sein.

Ich würde mich sehr freuen, wenn Du der einen oder anderen Idee eine Chance gibst und es selbst einmal ausprobierst. Vielleicht inspiriert Dich unser Buch und Du bleibst einfach aus Lust und Freude länger dabei als nur die zwölf Tage im Jahr. „Dranbleiben“

ist ein Motto, das ich vom Leben selbst lernen durfte. Viel Glück und Spaß dabei!

Herzlichst Deine Katrin Bliedtner-Sisman

♡ ♡ ♡

Zeit für mich, diesen Wunsch verspürte ich erstmals ganz bewusst und intensiv, als mich mein Partner vor drei Jahren Hals über Kopf und völlig unerwartet kurz vor Weihnachten verließ. Die Liebe meines Lebens trennte sich zwar gerade nicht zum ersten Mal von mir, doch auf eine Art und Weise, die alles übertraf, was ich bisher erlebt hatte. Ich hatte die Nase voll von allem, von ihm, meinen eigenen Begrenzungen, Vorstellungen darüber, wie mein Leben verlaufen und aussehen sollte, schlicht von jedem, der damals versuchte, mich meiner Zeit mit mir selbst zu berauben.

Das ganze Jahr über war ich für alle da – nur ich kam immer zu kurz. Ich blieb gefühlt irgendwo auf halber Strecke zwischen der Erfüllung von Erwartungen, die andere an mich stellten, und meinem eigenen hohen Anspruch, es jedem recht zu machen. Na ja, „jedem" stimmte nicht ganz: jedem anderen, mir selbst wohl am wenigsten. Das ganze Jahr über stellte ich meine Bedürfnisse hinten an, manchmal funktionierte ich nur noch, selten lebte ich bewusst und intensiv meinen Alltag, meine Bedürfnisse, meine Herzenswünsche aus.

Ich spürte, ich konnte und wollte so nicht mehr weitermachen. Ich wollte nicht mehr die liebevolle Partnerin sein, die aufopfernde Tochter und Enkeltochter, die Therapeutin, die fast rund um die Uhr erreichbar war. Ich hatte ganz intensiv den Wunsch, mich von der Außenwelt abzuschotten, mich zu verstecken und still zu werden. Still zu werden mit mir und mit dem, was da gerade alles in mir wirkte. Mit mir allein die Zeit zu verbringen und es niemandem, aber auch wirklich niemandem recht machen zu müssen oder zu wollen außer mir selbst. Wer war ich? Wer bin ich? Wer wollte ich sein? Was waren meine Wünsche, Bedürfnisse, Träume und Ziele? Hatte ich überhaupt noch welche? Oder war ich nur noch ein Häufchen Elend im Hamsterrad, das sich Jahr für Jahr weiterdrehte?

Es wurde Zeit, mich einmal ganz bewusst zu erleben – meine Freude, meine Trauer, meine Wut – und mich in jeder Sekunde meines Lebens zu spüren. Ich hatte keinerlei Vorstellung davon, wie diese zwölf Tage aussehen würden, alles, was ich wusste, war: Ich hatte keine Pläne. Ich wollte keine haben. Ich wollte nur die Erfahrung machen, in den Tag hinein zu leben.

Das erste Mal in meinem Leben ging es zwölf Tage nur um mich. Ich freute mich auf die Zeit mit mir allein. Und ich staunte selbst über mich, denn ich war doch bis jetzt diejenige, die Alleinsein mit Einsamkeit verband und die diesem Gefühl stetig versuchte aus dem Weg zu gehen. Alleinsein, das hatte etwas Negatives, etwas Einsames, als gäbe es keine Familie, keine Freunde. Alleinsein ist negativ besetzt in unserer Gesellschaft. Ich kannte niemanden, der gern allein war. Aber ich wollte nun wissen, wie es sich anfühlt. War es wirklich so schlimm?

Ich besorgte mir auf dem Weihnachtsmarkt Materialien zum Räuchern, deckte mich mit ein paar Vorräten ein und zog mich dann ganz bewusst vor der Außenwelt zurück, um endlich einmal Zeit für mich zu haben.

Na, kommt Dir das bekannt vor? Kennst Du das Gefühl von Leere und vollkommener Erschöpfung zum Jahresende und den Wunsch, einfach Ruhe zu erfahren? Wenn ja, lade ich Dich ein, Dich von unseren Lieblingsritualen, Meditationen und Übungen inspirieren zu lassen, und wünsche Dir von Herzen eine wirklich besinnliche Zeit. Erlaube Dir die Ruhe, um die Quelle Deiner Kraft wiederzuentdecken und Deinem ganz eigenen Herzensweg zu folgen.

Herzlichst Deine Susanne Gärtner

Einleitung

Endlich Zeit für mich! Wie wirken diese Worte auf Dich? Denke bitte einen Moment darüber nach, bevor Du weiterliest.

Zeit haben, Zeit zum Träumen und Genießen, zur Ruhe kommen, das vergangene Jahr hinter sich lassen, Altes loslassen und sich neu ausrichten, freudig nach vorn sehen, offen für Wunder sein und bei sich selbst ankommen, Frieden verspüren und das Leben zu einem wundervollen Abenteuer werden lassen – zu einem wirklich wahrhaftigen Freudentanz: Um all das und vieles mehr geht es in unserem Buch.

Wir möchten Dich einladen, mit uns gemeinsam das Jahr ausklingen zu lassen. Seit vielen Jahren nutzen wir die Zeit zwischen Weihnachten und dem Tag der Heiligen Drei Könige auf ganz besondere Weise. Die intensiven Erfahrungen, die wir in diesen zwölf magischen und zugleich mystischen Nächten, den Raunächten, gemacht haben, möchten wir mit Dir, liebe Leserin, lieber Leser, teilen. Vielleicht findest Du Impulse für Dich, wie Du die Zeit zwischen den Jahren neu für Dich nutzen kannst. Vielleicht nimmst Du Dir bewusst eine Auszeit und lässt Dich von unseren Lieblingsritualen inspirieren oder Du schenkst Dir zum ersten Mal seit vielen Jahren Zeit für Dich selbst und lässt Dich dabei von uns begleiten.

Wir führen Dich Schritt für Schritt durch die Raunächte. Wenn Du nur ein bisschen Zeit hast, wähle nur wenige Übungen, die Dir zusagen, aus. Komme wieder ganz bei Dir an und fühle den Frieden in Dir, der entstehen kann, wenn Du aufhörst, mit dem Leben zu hadern, und Dich ganz vertrauensvoll führen lässt. Du hast ein wenig mehr Zeit über die Feiertage? Wie schön, dann sieh das Buch als Anleitung für Dich und finde Deine persönlichen Rituale für mehr Kraft und Energie. Versuche nicht, alle Anregungen umzusetzen, sondern wähle aus. Weniger ist manchmal mehr.

Dieses Buch ist in drei große Kapitel aufgeteilt: Im ersten Teil findest Du einführende Informationen zu den Raunächten sowie ganzheitliche Ansätze zur Gesundheitspflege in den Wintermonaten.

Der zweite Teil enthält umfangreiche Vorschläge, wie Du die Raunächte intensiv für Dich nutzen kannst, um Ruhe zu finden und ganz bei Dir anzukommen. Wir stellen Dir unsere Lieblingsrituale vor, die wir seit Jahren sowohl für uns selbst als auch in unserer Arbeit mit Patienten anwenden.

Auf jede Raunacht und ihre ganz besondere Qualität werden wir im dritten Teil des Buches eingehen. Ein jedes Unterkapitel hält zu Beginn eine Botschaft für Dich bereit, die von den Naturwesen inspiriert ist und Dich auf die jeweilige Raunacht einstimmen möchte. Unsere Meditationen und Übungen für jeden Tag können Dir helfen, neue Energie zu tanken, Frieden mit der Vergangenheit zu schließen, Dich mit Dir selbst, Deinen Herzenswünschen, Deinen Träumen und Visionen auseinanderzusetzen. Daneben findest Du auch Affirmationen, mit denen Du fortan optimistisch und mutig neue Wege beschreiten kannst.

Wir haben uns ganz bewusst dafür entschieden, Dich, liebe Leserin, lieber Leser, mit Du anzusprechen. Gerade bei den Meditationen empfinden wir diese Anredeform als persönlicher, weil sie die Wirkung verstärkt.

So kannst Du die Meditationen auch in der Familie oder im Freundeskreis vorlesen und musst den Text nicht umformulieren.

Wir wünschen Dir von Herzen den Mut, neue Pfade zu betreten und die Liebe in Dein Herz aufzunehmen. Sei offen für Wunder und vertraue dem Fluss des Lebens.

♥ ♥ ♥

TEIL 1

DIE MAGIE DER 12 MYSTISCHEN TAGE

Die Zeit zwischen dem 21. Dezember und dem 6. Januar wird als eine sehr kraft- und energievolle Zeit bezeichnet. Ab der Wintersonnenwende am 21. Dezember, dem dunkelsten Tag des Jahres, beginnen die Tage wieder, länger hell zu werden. Die „Geburt des Lichts" wird eingeleitet und in vielen Regionen gefeiert.

Je nach Quelle werden diese Tage „zwischen" dem alten und dem neuen Jahr auch als Raunächte bezeichnet. Viele spirituelle Menschen rechnen vor allem die Zeit vom Heiligabend bis zum Tag der Heiligen Drei Könige zu den magischen Raunächten, für andere beginnen die zwölf heiligen Tage in der Nacht vom 21. Dezember, während sie am 3. Januar enden.

Wir haben in den vergangenen Jahren beide Varianten ausprobiert und für uns ist die Zeit von Mitternacht des 24. Dezember bis Mitternacht des 5. Januar die heilige Zeit: zwölf Tage, die man weder dem alten noch dem neuen Jahr zurechnen kann. Für uns sind es die kraftvollsten Tage des Jahres. In diesen Tagen und Nächten sind die Tore zur Anderswelt – dem Lebensraum mystischer Wesen wie Engel, Feen und Naturwesen – geöffnet und es fällt leichter als sonst, den Zugang zu seinen Ahnen, himmlischen Begleitern und seiner eigenen inneren Weisheit zu finden. In dieser Zeit ist es einfacher, in Kontakt mit sich selbst zu kommen und in Kontakt mit den Kräften und Wesen der Natur zu treten.

In der dunklen Jahreszeit zeigen sich jedoch auch unsere Ängste und wir werden mit den eigenen Schattenseiten in uns konfrontiert. Um sich diesen nicht stellen zu müssen, war es seit jeher einfacher für viele Menschen, die unheimlichen Energien auf Geister und mystische Kräfte zu projizieren. Es gelten andere Regeln und andere Gesetze im Vergleich zum restlichen Jahr. Die Natur und die Menschen ziehen sich zurück, halten inne und lassen den Jahreswechsel in Stille ausklingen. Wer nicht arbeiten muss, bleibt zu Hause und genießt das Beisammensein mit der Familie und Freunden. Diese Zeit eignet sich hervorragend dafür, das alte Jahr dankend zu verabschieden und das neue Jahr zu begrüßen. Doch bevor es so weit ist, empfiehlt es sich, Rückschau zu halten, das Jahr und all seine Ereignisse Revue passieren zu lassen. Was lief gut in diesem Jahr? Womit bin ich zufrieden und womit bin ich nicht glücklich? Welche Ziele habe ich erreicht? Welche Zielsetzungen haben sich nicht erfüllt und warum nicht?

Verschaffe Dir Klarheit darüber, welche Strategien zu mehr Erfolg geführt haben, welche Maßnahmen Dir zu mehr Gesundheit verholfen und welche Entscheidungen Dich privat glücklicher gemacht haben!

Diese mystische Zeit lädt aber auch dazu ein, nach vorn zu schauen, einen Blick in die Zukunft zu werfen und Ziele und Wünsche effizienter für das neue Jahr auszurichten.

Die zwölf Tage und Nächte zwischen Heiligabend und dem 6. Januar stehen einerseits für sich und andererseits steht jeder Tag für einen Monat sowohl des vergangenen als auch des kommenden Jahres. So steht der Januar für alles, was im letzten Januar war, aber auch für alles, was im nächsten Januar sein kann. Jede Raunacht wird damit einer ganz besonderen Energie, einem bestimmten Thema, zugeordnet. Wer sich bewusst in diesen Tagen mit der Energie und der Qualität des jeweiligen Monats verbindet, kann

Ruhe und Frieden finden für noch nicht abgeschlossene Projekte, Streitereien oder belastende Gedanken und Gefühle und hat die Chance, einen Blick in die Zukunft zu werfen.

21. Dezember: Wintersonnenwende

Der 21. Dezember hat die längste Nacht des Jahres. Das Licht scheint sich nicht gegen die Dunkelheit durchsetzen zu können und man hat das Gefühl, es würde alles stillstehen und als wendete die Sonne sich von uns ab. In den darauffolgenden Tagen weicht die Dunkelheit langsam und mehr Licht verwöhnt uns, was zu einer positiveren Grundstimmung bei vielen Menschen führt. Die Dunkelheit ist für viele ein Graus und kann ein beklemmendes Gefühl auslösen. Nach und nach aber versetzt uns das Licht in einen erfreulicheren Gemütszustand.

Laut einigen Quellen beginnen die Raunächte an diesem Tag. Nach unserem Verständnis und unseren Erfahrungen sind dieser Tag und diese Nacht vor allem dazu geeignet, das alte Jahr ausklingen zu lassen und offene Angelegenheiten zu bereinigen. Die

Nacht des 21. Dezember eignet sich gut für Lichtrituale und für gemeinsames Singen und Tanzen.

24. Dezember: Heiligabend

Der Heiligabend ist ein guter Zeitpunkt, um sich auf das neue Licht vorzubereiten und es in Empfang zu nehmen. Bevor Du den Weihnachtsbaum schmückst, räume die Wohnung gründlich auf und räuchere, um all die alte, verbrauchte Energie des Jahres aus dem Haus zu vertreiben. Wie Du den Heiligabend gut für Dich nutzen kannst, erfährst Du im dritten Teil des Buches.

Die erste Raunacht beginnt Schlag Mitternacht des Heiligabends. In diesem Moment öffnen sich die Tore zur Anderswelt und es fällt uns leichter, mit uns selbst, unseren Vorfahren und der geistigen Welt in Kontakt zu treten. Um Mitternacht des 25. Dezember beginnt die Raunacht für den Monat Februar. Die Raunächte enden um Mitternacht des 5. Januar.

♡ ♡ ♡

Der folgende Überblick zeigt Dir alle Raunächte und die ihnen zugeordneten Themen. Halte die Reihenfolge unbedingt ein, denn die Energien bauen aufeinander auf. Ziehe nicht einfach ein Thema, das Dich anspricht, vor. Vertraue darauf, dass letztlich alles, was für Dich in dem Moment richtig und wichtig ist, auch präsent sein wird.

Datum	**Raunacht und Monat**	**Thema**
25. Dezember	Erste Raunacht – Januar	Zur Ruhe kommen
26. Dezember	Zweite Raunacht – Februar	Erwache, stehe auf!
27. Dezember	Dritte Raunacht – März	Bewusst im Herzen sein
28. Dezember	Vierte Raunacht – April	Erwachen der Herzensweisheit
29. Dezember	Fünfte Raunacht – Mai	Zu Deinen Wurzeln finden
30. Dezember	Sechste Raunacht – Juni	Das Herz im Zentrum der Elemente
31. Dezember	Siebte Raunacht – Juli	Das höhere Selbst im Zentrum der Liebe
1. Januar	Achte Raunacht – August	Loslassen und Raum für Neues schaffen
2. Januar	Neunte Raunacht – September	Erbitten von Segen und Wunder

3. Januar	Zehnte Raunacht – Oktober	Deine neue Freiheit genießen
4. Januar	Elfte Raunacht – November	Raum für Träume
5. Januar	Zwölfte Raunacht – Dezember	Dem Weg des Herzens folgen
6. Januar	Abschluss der Raunächte und Beginn des neuen Jahres	Das Neue beginnt jetzt!

Vorbereitung auf die Raunächte

Bist Du jeden Tag einer immerwährenden, gleichen Routine ausgesetzt? Magst Du diese Struktur oder spürst Du nach Jahren des gleichen Trotts, dass Veränderungen anstehen? Wenn ja, ist jetzt die beste Zeit, sich neu auszurichten und neue Pfade zu betreten, auch wenn Du deren Ziel noch nicht kennst.

Oder fehlen Dir die Ideen für Neuausrichtungen, verlässt Dich der Mut schon bei dem Gedanken daran, dass sich etwas in Deinem Leben verändern könnte, und gehst Du deshalb lieber Deinen gewohnten Tätigkeiten nach?

Die Raunächte sind hervorragend dafür gemacht, Dinge, die Du sonst ganz automatisch tust, einmal anders zu machen. Unsere Vorschläge werden Dir gleich zeigen, was Du in dieser kraftvollen und mystischen Zeit verändern kannst, um die Wirkung dieser besonderen Tage noch intensiver zu erfahren.

In Vorbereitung auf das neue Jahr solltest Du das alte Jahr abschließen. Du beginnst ja auch in Deiner Firma kein neues Geschäftsjahr, ohne Dir die Zahlen des vergangenen Jahres anzusehen, ohne Inventur zu machen. Mache eine ganz persönliche Inventur und zwar auf allen Ebenen.

Kläre in der Vorweihnachtszeit alle offenen Angelegenheiten, sprich Dich mit Freunden und Kollegen aus, mit denen Du vielleicht im Streit liegst. Begleiche alle offenen Rechnungen und zahle geliehenes Geld zurück. Gib alle ausgeliehenen Gegenstände (Bücher etc.) an den Besitzer zurück und räume Deine Wohnung auf. Am besten entrümple gleich noch den Kleiderschrank und schaffe Platz auf Deinem Schreibtisch. Schaffe Raum für Neues. Manchmal kann das Neue erst kommen, wenn das Alte abgeschlossen ist. Mache reinen Tisch im Innen wie im Außen. Halte nicht mehr an alten Gewohnheiten fest, gehe bewusst raus aus Deiner Komfortzone und trete mutig für Deine neuen Ziele ein.

Ist Dir schon länger klar, dass Deine Beziehung vor einem Ende steht? Dann könntest Du die Energie kurz vor dem Jahreswechsel nutzen, um diesen endgültigen Schritt zu wagen und Dich aus alten Zwängen und Ängsten zu befreien. Oder spürst Du schon länger, dass Deine berufliche Tätigkeit Dich nicht mehr erfüllt und Du nur noch wie eine Maschine Deiner Arbeit nachgehst und funktionierst? Vielleicht fühlst Du Dich sogar leer und ausgebrannt? Fehlt Dir der Mut zum nächsten Schritt? Dann nutze die magische Energie und die Kraft der Raunächte, um Dir mehr Klarheit zu verschaffen. So kannst Du entschlossen und beherzt Deine Schritte im nächsten Jahr gehen.

Die Schüßler-Stoffwechselkur

So wie wir die Luft zum Atmen brauchen, benötigt unser Organismus Mineralstoffe, um die Organfunktionen aufrechtzuerhalten und die Stoffwechselvorgänge zu unterstützen. Ein Mangel an Mineralstoffen kann zu körperlichen und psychischen Symptomen führen. Mit der Schüßler-Stoffwechselkur kannst Du Dich optimal auf die Weihnachtsfeiertage und das genussvolle Essen vorbereiten, Deinen Stoffwechsel entlasten und auch Figurproblemen vorbeugen. So hilft sie wunderbar, auch Deinen Körper auf die Raunächte einzustimmen und ihn leichter und durchlässiger für die Energie der Anderswelt zu machen, damit Du kraftvoll ins neue Jahr starten kannst.

Bei dieser Kur werden bestimmte Schüßler-Salze auf eine Weise kombiniert, dass sich die Wirkung der einzelnen Salze verstärken kann. Dies zeigt sich effektiv im Fettabbau und überflüssige Pfunde können noch vor den Weihnachtsfeiertagen verloren gehen, die Weihnachtsspeisen setzen nicht so stark an und fetthaltige Speisen wie Enten- und Gänsebraten werden besser verdaut. Außerdem beugen die Mineralsalze dem Heißhunger auf Süßigkeiten vor, unterstützen die Ausleitung von Giftstoffen und verhindern somit eine Übersäuerung.

Eine längere Einnahme kann für mehr Vitalität sorgen. Nimm dazu folgende Salze schon ab etwa Mitte November für etwa acht bis zehn Wochen ein:

- Nr. 4 – Kalium chloratum
- Nr. 8 – Natrium chloratum
- Nr. 9 – Natrium phosphoricum
- Nr. 10 – Natrium sulfuricum

Lasse täglich morgens, mittags und abends eine halbe Stunde vor den Mahlzeiten je fünf Tabletten jedes Schüßler-Salzes langsam im Mund zergehen, damit die Mineralsalze optimal über die Mundschleimhaut aufgenommen werden können.

Unterstütze Deinen Stoffwechsel zusätzlich, indem Du täglich bis zu zwei Liter stilles Quellwasser trinkst und Dich bewegst. Ein gewisses Maß an Disziplin sollte jedoch auch zu den Feiertagen dazugehören.

Alte Bräuche in den Raunächten

Es gibt alte Bräuche für die Zeit der Raunächte, die wir Dir im Folgenden vorstellen möchten. Vielleicht kannst auch Du dem einen oder anderen von ihnen etwas abgewinnen.

Lasse die Arbeit ruhen und entspanne

Wenn es Dir beruflich möglich ist, solltest Du in den Raunächten nicht arbeiten oder Deine Arbeitstätigkeit auf ein Minimum zurückfahren. Es handelt sich bei diesen Tagen um besonders kraftvolle, die Du für Dich und zum Energietanken nutzen solltest. Diese Reduzierung der Arbeitsleistung reguliert Deinen Energiehaushalt und gibt Dir Kraft für das neue Jahr. Viele Menschen verausgaben sich über die Feiertage in beruflichem Stress, weil anfallende Arbeiten nicht so leicht von der Hand gehen und die eigenen Ressourcen vom alten Jahr erschöpft sind. Gehe daher sehr sparsam und achtsam mit Deinen eigenen Kräften um.

Die Räder sollen stillstehen

Lasse das Auto, wenn möglich, stehen. Wenn Du eine Reise unternehmen musst, weil Dich zum Beispiel weite Strecken von Deiner Familie trennen, nimm den Zug oder verlängere Deinen Aufenthalt, wenn das möglich ist. Sei so wenig, wie es nur geht, unterwegs und verbringe mehr Zeit in den eigenen vier Wänden. Lege kurze Strecken möglichst zu Fuß zurück.

Wäsche sollte nicht gewaschen werden

Ein alter Brauch, der heute noch in vielen Köpfen fest verankert ist, besagt: In den zwölf Tagen und Nächten sollte die Wäsche nicht gewaschen werden. Viele Menschen halten sich an diesen Brauch, weil sie schlimmste Folgen befürchten, wenn das Bettlaken an der Leine im Wind flattert. Grund dafür ist die Öffnung der Tore zur Geisterwelt oder Anderswelt, aus der nicht nur magische und kraftvolle Wesen austreten können, sondern auch schaurige Gestalten in die Welt ziehen und Unfrieden stiften.

Aus Angst, ein Familienmitglied könnte sterben oder böse Geister und Dämonen sich im Bettlaken oder dem Tischtuch festsetzen und im Laufe des Jahres Unheil bringen, verzichtet man bewusst nach alter Tradition auf eine ganz alltägliche Hausarbeit.

Zeit für Geschichten, gemütliches Beisammensein und zum Krafttanken

Erinnerst Du Dich noch an Deine Kindheit? Vielleicht hast Du diese ähnlich wie wir erlebt. Die ganze Familie saß über die Feiertage am Weihnachtsbaum, die Wohnung roch nach leckeren Gerichten und einer aus der Familie sang Lieder, die Großeltern und Eltern erzählten Geschichten aus ihren Kindertagen oder irgendjemand spielte ein Instrument.

Heute spielen die meisten Menschen mit ihren Handys, sehen fern und nicht mal mehr innerhalb einer Familie wird gemeinsam Zeit verbracht. Geschichten erzählen, aus Büchern vorlesen oder gemeinsam Spielenachmittage verbringen ist eher zu einer Ausnahme geworden. Es wird Zeit, diesen Trott zu durchbrechen und wieder mehr Zeit gemeinsam zu verbringen.

Bedürftigen helfen

Ganz besonders in der Zeit der Raunächte sollten wir uns fragen, ob es in unserem Umfeld Menschen gibt, die einsam sind und niemanden mehr haben. Vielleicht könntest Du an diesen Tagen Deine Tür öffnen und jemanden spontan zu Deinem Fest einladen und ihn damit unendlich glücklich machen.

Es gibt auch die Möglichkeit, auf organisierten Festen Bedürftigen zu helfen und an dieser Stelle einen Beitrag zu leisten. Wenn Du es noch mit der Haltung der Dankbarkeit machst und daran denkst, dass jeder Mensch eine bewegte Geschichte hat, dann gewinnen alle Seiten. Auf jeden Fall sollten wir in dieser Zeit keine wirklich Bedürftigen abweisen.

Wettervorhersagen

Gerade die Menschen auf dem Lande leben seit jeher im Rhythmus der Jahreszeiten. Das Wetter ist Teil ihrer Lebensgrundlage, denn von ihm hängt die Ernte ab. Deshalb wurden die zwölf Raunächte einerseits dazu genutzt, den Feldern, Bäumen, aber auch dem Vieh für die Fülle zu danken und sie erneut segnen zu lassen. Auf der anderen Seite spiegelten die zwölf Nächte aufgrund der alten Bauernregeln das Wetter des neuen Jahres wider. So lieferten sie Anhaltspunkte dafür, wann es günstig sein würde, auszusäen oder auch die Ernte rechtzeitig, und zwar trocken einzubringen.

Glücksbringer

Sie gibt es inzwischen in den verschiedensten Ausführungen: Schornsteinfeger, Glücksschwein, Kleeblatt und Glückspfennig kennt jeder. Die Glücksbringer aus Marzipan enthalten zusätzlich das Süße als Symbol für den Segen und die Freude des kommenden Jahres. Finde Deinen persönlichen Glücksbringer für das kommende Jahr.

Perchtenumzüge

In der Alpenregion, vorzugsweise in Bayern und Österreich, gibt es einen alten Brauch: die Perchtenumzüge. Die Perchten sind auf den ersten Blick erschreckende Gestalten, die vorzugsweise in den Wintermonaten Dezember und Januar durch die Straßen ziehen. Der Name steht vermutlich in Zusammenhang mit der Sagengestalt Perchta, deren Herkunft allerdings bis heute ungeklärt ist. Eine andere Theorie zur Namensgebung besagt, dass sich der Begriff von dem mittelalterlichen mittelhochdeutschen Wort „berchtnacht“ herleitet, das den Feiertag der Erscheinung des Herrn (Epiphanias), heute das Fest der Heiligen Drei Könige am 6. Januar, benennt.

Die Perchten verkörpern zwei Gruppen. Zum einen die „guten“ Schönperchten und zum anderen die „bösen“ Schiechperchten. Eines der wichtigsten Utensilien der Perchten ist die Glocke. Mit dieser soll der Winter bzw. sollen die bösen Geister ausgetrieben werden. Nach altem Volksglauben ist der Besuch von Perchten ein Glück bringendes Omen für das neue Jahr. In einigen Regionen Bayerns oder in Österreich finden während der Raunächte insbesondere am Tag der Heiligen Drei Könige lärmende Perchtenumzüge mit Masken dämonischer Weiber, heidnischer Göttinnen sowie wilder und zahmer Tiere statt. Wer von den Perchten berührt wird, soll im neuen Jahr besonders viel Glück haben.

♡ ♡ ♡

Zeit für Dich

Sich Zeit für sich selbst zu nehmen, bedeutet für viele Menschen in unserer Leistungsgesellschaft absoluten Luxus. „Ich habe keine Zeit, ich habe zwei Kinder“, „Ich muss meine Mutter pflegen“, „Ich halte meinem Mann den Rücken frei“ sind nur einige Aussagen unserer Patienten, mit denen sie sich bei unserem gut gemeinten Ratschlag versuchen zu rechtfertigen.

Uns ist durchaus bewusst, dass sich nicht jede oder jeder zwölf Tage auf eine Hütte in den Bergen oder in ein Ferienhaus am Meer zurückziehen und die Familie möglicherweise sich selbst überlassen kann. Zeit für sich selbst beginnt aber gar nicht mit ganzen freien Tagen, sondern mit Kleinigkeiten, alltäglichen Ritualen, die Du ausüben kannst, um zu zelebrieren, wie wertvoll und wichtig Du bist und für wie liebenswert Du Dich hältst. Das nennt man auch Selbstliebe leben – jeden Tag Dinge zu tun, die einem selbst und der Seele guttun. Das kann eine halbe Stunde Stricken am Abend sein, ein Vollbad mit Entspannungsmusik, das Kochen Deines Lieblingsgerichts, sich Zeit für ein gutes Buch zu nehmen, ein Spaziergang, auf dem Du bewusst Schritt für Schritt gehst und Dich und Deinen Körper neu spürst, eine Meditation und vieles mehr. Für diese kleinen Streicheleinheiten für die Seele findest Du immer Zeit, wenn Du es wirklich willst. Alles andere sind Ausreden.

Im Folgenden stellen wir Dir unsere Lieblingsübungen und -rituale für die Raunächte vor. Wenn Du viel Zeit allein hast, dann wähle mehrere Übungen und Rituale oder führe alle aus. Du wirst sehen, die Zeit für Dich allein wird noch kostbarer und noch intensiver, wenn Du Dich bewusst dafür entscheidest.

Vielleicht hast Du aber auch jeden Tag nur eine halbe oder ganze Stunde Zeit, die Du für Dich allein nutzen kannst. Dann suche Dir ein oder zwei Rituale aus und führe diese für zwölf Tage durch. Erinnere Dich dann täglich daran, dass Du der wichtigste Mensch in Deinem Leben bist.

Bitte Deine Familie, Deine Partnerin oder Deinen Partner, Deine Kinder oder Deine Eltern um diese Stunde Auszeit nur für

Dich. Danach kannst Du ja mit Deinen Lieben tauschen und Dich im Anschluss mit ihnen austauschen. Sprich offen und ehrlich über Deine Bedürfnisse und erkläre liebevoll, dass Du gern für alle da und erreichbar bist, aber dabei selten Zeit für Dich hast. Deine Lieben werden es verstehen, wenn Du ihnen offen Deine Bedürfnisse gestehst. Erlaube Dir diese Zeit vor allem für Dich selbst. Gerade Frauen, die immer für alle da sind, sich aufopfern und oft über ihre Grenzen gehen, haben Schwierigkeiten, für sich einzustehen. Zum einen, weil sie es nicht kennen, zum anderen, weil sie es sich oft nicht wert sind.

Denke daran, es ist Deine Lebenszeit und die solltest Du immer wieder so für Dich nutzen, wie es Dir gerade guttut. Sei in dieser Stunde für niemanden erreichbar. Lasse das Telefon zur Not klingeln, reagiere nicht auf Fragen und bitte Dein Umfeld um Ruhe und Achtung Deines Wunsches.

Winterzeit – Ruhezeit

In der Traditionellen Chinesischen Medizin werden die Monate Dezember, Januar und

Februar dem Winter zugeordnet. Der Winter steht allgemein für die Zeit des Rückzugs, des Innehaltens und der inneren Einkehr. Die Natur lebt es uns vor und kann, sofern wir es zulassen, auf den menschlichen Organismus und auf unser Leben einen positiven Einfluss haben.

Erinnerst Du Dich noch an den letzten Winter? Der Volksmund spricht von einer besinnlichen Zeit rund um die Weihnachtsfeiertage. Wann hast Du, liebe Leserin, lieber Leser, diese Tage wirklich als besinnlich erlebt? Viele Menschen geraten vor Weihnachten noch so richtig in Stress. Den Arbeitgebern fällt kurz vor Weihnachten noch ein, dass sie Besprechungen und Konferenzen abhalten müssen, damit die Aufgabenverteilung für das neue Jahr geregelt ist. Was bisher nicht erledigt wurde, soll am besten noch in den letzten Tagen des alten Jahres abgearbeitet werden. Viele Menschen zehren gerade in dieser Zeit, in der sie selbst ausgepowert und erschöpft sind von den Tätigkeiten des Jahres und vom zusätzlichen Einkaufsstress für besondere Geschenke, nur noch von ihren Reservekräften. Sie kommen irgendwie durch den Tag, schleppen sich bis zu den Feiertagen hin und sind dann verwundert und verärgert zugleich, wenn sie in den wohlverdienten Urlaubstagen krank werden. Der Körper sehnt sich nach Ruhe und Erholung. Vielleicht gelingt es einigen, sich über die Feiertage zu entspannen, doch spätestens mit Arbeitsbeginn im Januar prasseln neue Erwartungen auf den Menschen ein und der Kreislauf beginnt von vorn. Viele gehen zurück in den alten Trott, verbringen fünf Abende in der Woche im Fitnessstudio, um Gewichtsprobleme zu vermeiden, und wundern sich, wenn sie spätestens im Februar erneut erschöpft sind.

Wir möchten Dich einladen, Dich mal in der Natur umzuschauen. Was passiert dort? Die Natur zieht sich zurück! Tiere halten ihren Winterschlaf und Pflanzen halten sich mit ihrem Wachstum zurück. Das ist der natürliche Verlauf. Wenn sich der Mensch diesen Gegebenheiten anpasst und von der Natur lernt, dann können erste Symptome zu Beginn des Jahres möglicherweise vermieden werden. So ist es ratsam, während der Winterzeit, von Dezember bis Februar, mehr Auszeiten in den Alltag einzubauen, wenn möglich weniger zu arbeiten, für mehr Schlaf zu sorgen, sich in dieser Zeit von Menschenmassen fernzuhalten und die Zeit wirklich für sich zu nutzen, für innere Einkehr. In diesem Zeitraum können alte Verhaltensweisen überdacht und neue Lösungsansätze gefunden werden.

Unterstützende Maßnahmen

- Sorge für ausreichend Schlaf. Gehe im Winter eher ins Bett und schlafe länger.
- Reduziere Deine Arbeitstätigkeiten, wenn Dir das möglich ist.
- Nimm Dir täglich mindestens eine Stunde Zeit für Dich.
- Vermeide Menschenmassen. Ziehe Dich zurück und komme wieder in Kontakt mit Dir, Deinen ganz eigenen Bedürfnissen sowie Deinen Herzenswünschen.
- Halte zwischendurch immer wieder inne. Nimm Dir bewusst Zeit für ein gutes Buch, höre einfach mal entspannt Musik, genieße ein heißes Bad und schalte die Gedanken ab. Tue einfach nichts.
- Lasse das alte Jahr Revue passieren und wirf allen alten Ballast von Dir. Du brauchst ihn nicht mehr.

- Basische Fußbäder oder Fußbäder mit Lavendelblüten oder Ölen sorgen für einen guten Schlaf.
- Gehe in den Wintermonaten bewusst spazieren anstatt fünfmal die Woche ins Fitnessstudio.
- Spare Deine Kräfte, schone Deinen Körper und verausgabe Dich nicht, dann steht Dir im Frühjahr mehr Energie zur Verfügung.

Ernährung

Mit der richtigen Ernährung kannst Du im Winter Deinen Organismus schonend und leicht unterstützen, sodass Dein Immunsystem stark bleibt.

Verzichte bewusst in dieser Jahreszeit auf kalte und eisgekühlte Getränke. Um den Verdauungstrakt nicht unnötig auszukühlen und die Verdauung von schwer verdaulichen Speisen nicht zu erschweren, empfehlen wir Dir, überwiegend warme Getränke einzunehmen. Du könntest den Tag mit warmem Wasser oder einer heißen Zitrone beginnen. Tagsüber sorgen verschiedene Teesorten, heißer Ingwer oder verdünnter heißer Apfelsaft für eine Abwechslung bei der Flüssigkeitszufuhr. Wer mag, kann das warme

Wasser auch den ganzen Tag über trinken. Im ersten Moment mag das ungewöhnlich klingen, aber wenn Du die Wirkung des warmen Wassers mal kennengelernt hast, möchtest Du bestimmt nicht mehr auf sie verzichten.

Als wir vor vielen Jahren einige Wochen in China verbrachten, lernten wir von den Chinesen, dass sie gar nicht so viel Tee trinken, wie uns immer erzählt wird. Viele von ihnen trinken nur heißes Wasser und das über den ganzen Tag verteilt. Zugegeben, es war ein paar Tage ungewöhnlich und wir mussten unsere gewohnte Komfortzone verlassen, aber wir haben uns sehr viel klarer, wacher und reiner gefühlt als mit diversen Zusätzen. Außerdem regte das heiße Wasser den Stoffwechsel an und wir nahmen ganz nebenbei noch ein paar Kilo auf unserer Reise ab. Diese Erfahrung möchten wir heute nicht mehr missen und wir haben das warme Wasser längst in unseren Alltag integriert.

Bevorzuge regionale und saisonale Produkte und verzichte bewusst auf Lebensmittel, die einen langen Transportweg hinter sich haben und zur entsprechenden Jahreszeit nicht in unseren Gegenden geerntet werden. Im Winter solltest Du Gemüse wie Kürbis, Kartoffeln, Fenchel, Chicorée, Wurzelgemüse (z. B. Karotten und Schwarzwurzeln), Radicchio und Kohl (z. B. Rot- und Grünkohl) in den Speiseplan integrieren. Daneben kannst Du Zwiebeln und Knoblauch in jeglicher Form einnehmen. Koche immer frische Suppen (z. B. Linsen-, Erbsen- und Kartoffelsuppe) oder probiere nach Herzenslust neue Pfannengerichte aus. Bringe Obstsorten der Saison auf den Tisch (z. B. Äpfel und Birnen). Tiefgekühlte Beerenfrüchte sind oft besser als ihr Ruf und können als Abwechslung im Müsli morgens für Vitalität sorgen. Achte hier auf die Verpackung und darauf, dass die tiefgekühlten Beeren nicht zusätzlich Zucker enthalten. Die Beeren selbst enthalten genug Fruchtzucker. Zum Abschmecken Deiner Gerichte kannst Du Ingwer, Zimt, Chili und Pfeffer verwenden.

Leber- und Nierenstärkung

Nach der Traditionellen Chinesischen Medizin werden die Wintermonate dem Element Wasser zugeordnet. Dem Element Wasser wiederum werden in unserem Organismus die Nieren und die Blase zugeteilt. Es ist daher sehr empfehlenswert, wenn Du insbesondere in der kalten Jahreszeit mit unterstützenden Maßnahmen Deine Nierenkraft stärkst, z. B. indem Du an kalten Tagen Brennnesseltee oder Brennnesselsaft trinkst. Der spült die Nieren durch und unterstützt außerdem die Ausscheidung von Giftstoffen.

Wenn Du über die Feiertage und in der Silvesternacht gern ein Glas Alkohol mehr zu Dir nehmen möchtest, ist es zusätzlich ratsam, die Leber und ihre Entgiftungsfunktion zu unterstützen.

Entlaste Deine Entgiftungsorgane, indem Du zum Beispiel nach dem Mittagessen gemeinsam mit der Familie oder mit Freunden eine Ruhepause einlegst und dabei einen Leberwickel durchführst. Du kannst dafür ganz bequem ein Kräuterkissen verwenden, das viele wertvolle Bitterstoffe enthält.

Außerdem wird Deine Leber es Dir danken, wenn Du zusätzlich noch Bitterstoffe wie

Mariendistel oder Artischocke zu den Mahlzeiten einnimmst. Damit förderst Du die Fettverdauung und entlastest die Leber bei ihrer täglichen Arbeit. Gönne Dir und Deiner Leber täglich eine kurze Auszeit. Wenn Du Deine Leber in der Zeit der Raunächte nämlich gut unterstützt, wirst Du Dich zu Beginn des Jahres nicht so müde und erschöpft fühlen.

Emotionale Reinigung

Die Raunächte sind optimal dafür geeignet, sich auf geistiger und emotionaler Ebene zu reinigen und für das neue Jahr neu auszurichten. Um sich aber frei von alten Gedanken und Gefühlen zu machen, loszulassen und neue Ziele zu setzen, bedarf es einen Moment der Reflexion des alten Jahres und des Vergangenen. Hierfür gibt es unterschiedliche Übungen und Rituale, die wir Dir im zweiten Teil unseres Buches gern ausführlicher vorstellen möchten und die uns über die Zeit der Raunächte eine wertvolle Hilfe sind.

Beginnen kannst Du damit, dass Du Dir eine halbe oder ganze Stunde Zeit nimmst und aufschreibst, was Du alles in diesem Jahr erlebt hast und was Dich sehr belastet hat. Spüre beim Schreiben in Dein Herz hinein. Womit bist Du im Reinen? Wo gilt es noch etwas zu vergeben oder zu verzeihen? Bei wem gilt es sich vielleicht noch für eine Handlung oder für einen Ausdruck zu entschuldigen? Schreibe alles auf, was Dir dazu einfällt, ohne es zu bewerten. Nimm nur wahr, wo es vielleicht noch etwas zu klären gibt.

Nachdem Du alles aufgeschrieben hast, lies Dir Deine Notizen noch einmal durch. Spüre dabei achtsam in Dich hinein. Wo gibt es noch Trauer oder Wut, Zorn oder Groll, der sich in Dir festgesetzt hat? Fühlt sich das Herz eng an und ist Deine Atmung eher flach oder ist Dein Herz weit und voller Freude?

Schreibe all Deine Emotionen auf. Zum Beispiel: „Da ist noch Wut auf meinen Partner/meine Partnerin, weil er/sie eine Affäre hatte.“ „Ich bin noch traurig, weil mein Hund gestorben ist.“ „Ich bin sauer auf meine Vorgesetzten, weil sie nicht anerkennen, was ich alles für die Firma tue.“ …

Danach überlege Dir einen Moment lang, welchen Nutzen Du davon hättest, mit diesen negativen Emotionen und Gedanken ins neue Jahr zu starten. Es liegt nämlich in Deiner Hand, jetzt zu entscheiden, ob Du diese blockierenden Gedanken und Gefühle im alten Jahr und hinter Dir lassen oder ob Du sie mit ins neue Jahr nehmen möchtest. Du hast die Wahl. Es geht nicht darum, die Affäre des Mannes schön zu reden oder Deine Chefin in ein besseres Licht zu rücken.

Um sich von den alten Gedanken und Gefühlen zu befreien, eignet sich ein Ritual ganz besonders, das wir als sehr kraftvoll empfinden und nicht nur in den Raunächten anwenden, sondern auch gern bei Bedarf im Laufe des Jahres wiederholen. Es ist das Verbrennungsritual, das wir ausführlich im zweiten Teil beschreiben werden.

Äußere Reinigung

Zum Jahresende eignet sich die Zeit auch, um mal richtig aufzuräumen. Vielleicht hat sich Dein Schreibtisch mehr zu einer Ablage entwickelt als zu einem Wohlfühlort, an dem Arbeiten Spaß macht. Vielleicht hast Du im Kleiderschrank Sachen, die nicht mehr ganz Deinem Geschmack, Deiner bevorzugten Farbe oder Deiner Größe entsprechen. Dann ist es Zeit, auch hier mal richtig auszumisten. Probiere nach Herzenslust Deine Kleidungsstücke an und verabschiede Dich von ein paar Sachen, die Du schon sehr lange nicht mehr getragen hast. Das hat nämlich Gründe. Warum also sich nicht davon trennen? Das ist unglaublich befreiend, gleichzeitig steigt die Freude auf, sich bei Gelegenheit auch mal wieder ein schönes neues Teil zu gönnen.

Ebenso verhält es sich mit Büchern. Wir geben ungern Bücher weg, lieber bauen wir noch Schränke im Keller auf, um sie zu horten. Es bringt aber nichts, außer, dass man weniger Platz für andere Dinge hat. Schaue doch mal das Regal nach Büchern durch, die Du vor längerer Zeit gelesen hast, und frage Dich ehrlich, ob Du das Buch wirklich noch besitzen musst. Du kannst gebrauchte Bücher ganz einfach über Internetportale (wie z. B. eBay oder momox) verkaufen und Dich daran erfreuen, dass Deine Mitmenschen sie auch noch nutzen können. Mit den Einnahmen kannst Du Dir im Laufe des Jahres etwas Schönes wie eine Massage oder ein neues Buch gönnen.

Vielleicht spürst Du aber auch in den heimischen vier Wänden das Bedürfnis nach Veränderung und überlegst schon länger, Bilder auszutauschen, zu renovieren oder Möbel zu verrücken. All Deine Gedanken dazu kannst Du beispielsweise in Deinem Raunachttagebuch festhalten, das wir Dir auch gleich vorstellen werden.

TEIL 2

RITUALE

Ruhe- und Kraftort

Um in tiefen Kontakt mit Dir selbst zu treten, Dich neu zu entdecken, um neue Entscheidungen treffen und Dich neu ausrichten zu können, dafür benötigt es einen persönlichen Ruhe- und Kraftort.

Fällt Dir spontan ein Ort ein, an dem Du bisher Kraft tanken konntest? Vielleicht ist es ein Ferienhaus am Meer, ein Gipfel hoch oben in den Bergen oder das Baumhaus in einem beliebigen Waldstück. Du kennst bestimmt einen Ort, den Du zu Deinem persönlichen Kraftort gemacht hast. Leider ist es nicht immer möglich, bei Bedarf schnell dorthin zu fahren und eine Woche Auszeit zu nehmen. Darum geht es auch nicht.

Vielmehr wollen wir Dich dazu einladen, Dir in Deiner unmittelbaren Umgebung einen Platz zu suchen, an den Du Dich für ein paar Minuten oder vielleicht eine Stunde zurückziehen kannst, um Deinen Träumen nachzuhängen und um Ruhe zu finden. Dieser Kraftplatz muss sich noch nicht einmal außerhalb Deiner Wohnung befinden. Eignet sich vielleicht ein besonderer Abschnitt der heimeligen Couch? Ein Meditationskissen in Deinem Schlafzimmer? Welcher Platz lädt Dich innerhalb Deiner eigenen vier Wände dazu ein, um die Gedanken für einen Moment abzuschalten?

Wenn Du einen schönen Platz gefunden hast, nimm Dir jeden Tag ein paar Minuten Zeit, um diesen Ort ganz bewusst aufzusuchen. Es gibt nichts weiter zu tun. Setze oder lege Dich an Deinen Kraftplatz und sei einfach nur bewusst da. Lenke Dich nicht mit anderen Aktivitäten ab, sondern komme nur mit Deinem Körper und Deinen Gedanken an diesem Ort an. Atme ein paar Mal bewusst ein und langsam und gleichmäßig wieder aus. Nimm bitte nur wahr, wie Deine Atmung ist und wie sie sich verändert.

Atmest Du eher flach oder tiefer in den Bauch hinein? Wird Deine Atmung nach ein paar Atemzügen ruhiger? Welche Gedanken und Gefühle steigen in Dir auf, wenn Du einen Moment lang nichts tust? Bewerte nichts, nimm einfach nur wahr, was passiert, wenn Du nichts mehr leisten musst.

Wiederhole die Übung täglich für ein paar Minuten. Lasse so diesen individuellen Wohlfühlort zu Deiner persönlichen Kraftquelle werden. Du verschaffst Dir damit tagtäglich Ruhe, Frieden, Ausgeglichenheit und innere Stärke.

♡ ♡ ♡

Raunachttagebuch

Vielleicht gehörst Du nicht zu den Menschen, die dem Schreiben von Tagebüchern viel abgewinnen können. Das ist nicht schlimm. Aus unserer Praxisarbeit wissen wir jedoch, dass Schreiben für manche Menschen zur Therapie werden kann, für andere eine neu gewonnene Kraftquelle darstellt und dass wiederum andere Menschen sich bei kleinen täglichen Schreibritualen besser kennenlernen. Papier ist unglaublich geduldig und bewertet nichts.

Für die Raunächte schlagen wir Dir vor, dass Du Dir ein A4-Heft mit einem schönen

Motiv kaufst. Auch wenn Du keine Vorerfahrung mit dem Schreiben von Tagebüchern hast, versuche es einmal und lasse Dich in den magischen zwölf Nächten davon überzeugen, wie wertvoll Deine Notizen im Laufe des kommenden Jahres sein können.

Schreibe jeden Tag während der Raunächte auf, was Du erlebst hast. Was hast Du gemacht? Welche Gedanken hattest Du? Welche Ideen kamen in Dir auf? Wie war das Wetter? Welchen Menschen bist Du persönlich begegnet? Mit wem hast Du telefoniert? Notiere Dir wirklich alles, was Dir an diesen Tagen widerfährt. Deine Aufzeichnungen können Dir in den entsprechenden Monaten weiterhelfen und sie geben Dir ganz entscheidende Hinweise für neue Handlungen.

Wir persönlich sind immer wieder beeindruckt davon, wie unsere Notizen aus den Raunächten mit den Ereignissen des jeweiligen Monats im neuen Jahr übereinstimmten. Wir hatten stets all unsere Ideen und alle Ereignisse aufgeschrieben und stellten viele Synchronizitäten fest. Ereignisse, die wir ganz beiläufig während eines Spaziergangs wahrnahmen, inspirierende Gespräche und

Träume hatten ihre Entsprechung im jeweiligen Monat und Gedanken zu beruflichen Projekten wurden genau dann umgesetzt. Wir konnten im Laufe des Jahres sehen, dass manche Dinge noch Zeit brauchten. Unsere Energie setzten wir gezielt für Projekte ein, die in diesem Moment wirklich dran waren, und nicht, weil unser Verstand es gern so gehabt hätte. Wir kamen dadurch viel mehr und verbunden mit einer Leichtigkeit in der Gegenwart an und hafteten weniger an der Vergangenheit. Wir verloren uns auch nicht mehr in der Zukunft, weil wir im Kopf fünf Schritte voraus waren, sondern konnten wirklich Schritt für Schritt bewusst zur Umsetzung unserer Ziele und Träume gehen. Probiere es aus und sei gespannt!

Altar

Einen Altar anzulegen, kann sehr hilfreich sein, um Deinen Fokus nicht nur für eine kurze Verschnaufpause auf die Raunächte zu legen. Er ist wie eine persönliche Einladung an Dich, Dir Zeit für Dich selbst zu nehmen. Suche Dir einen Platz an Deinem Rückzugsort, wo Du eine kleine Ecke erübrigen kannst. Es ist auch möglich, eine Schublade in einen Altar zu verwandeln. So kannst Du ihn vor neugierigen Blicken verbergen. Ebenso könntest Du einen alten Koffer zum Altar umfunktionieren und ihn, wenn nötig, auch mal verschließen.

Fühle Dich ganz frei und gestalte Deinen Altar nach Lust und Laune. Vielleicht magst Du ihn mit einer Seidendecke schmücken, Kerzen aufstellen und Heilsteine, Räucherwerk, eine Duftlampe, Öle, Orakelkarten und Dein Raunachttagebuch hinzufügen. Der Altar hilft Dir so, Dein Handwerkszeug für die Raunächte bereitzuhalten. Und Du kannst auf diese Weise alle helfende Energie an einem Ort gebündelt aufbewahren.

Der Altar darf sich während der Raunächte gern mit verändern. Er soll ein Miniaturort sein, an dem Deine Arbeit in Vorbereitung aufs neue Jahr zum Ausdruck kommen darf. Male, schreibe, kreiere – entzünde Dein Licht!

Orakelkarten

Hand aufs Herz, wolltest Du schon immer einmal einen Blick in die Zukunft werfen? Trägst Du noch etwas kindliche Neugier und Ungeduld in Dir? Würdest Du gern wissen, ob sich Dein Traummann oder Deine Traumfrau im kommenden Jahr für Dich interessiert oder ob Deine Partnerschaft noch von Beständigkeit geprägt ist? Würdest Du gern einen Blick in Deine berufliche Zukunft werfen und wissen, ob sich ein neuer Job für Dich anbahnt oder eine Gehaltserhöhung auf Dich zukommt? Orakeln und Kartenbefragungen sind ein sehr altes Ritual, um in den mystischen Nächten in die Zukunft zu schauen.

Es lässt sich ganz individuell gestalten. Zum Beispiel kannst Du in jeder Raunacht eine Karte aus Deinem Lieblingskartenset ziehen und um eine Botschaft für den jeweiligen Monat bitten. Das ist die einfachste Anwendung und Du bekommst einen Impuls für den entsprechenden Monat im kommenden Jahr. Notiere Dir die Botschaft der Karte. Lies in dem beiliegenden Erklärungsheftchen die Bedeutung der Karte, die Du gezogen hast, durch. Notiere Dir auch hierzu Stichpunkte in Deinem Raunachttagebuch und schlage später immer zu Beginn des Monats Botschaft und Bedeutung nach. So erhältst Du Impulse und erfährst, welche Themen sich für den jeweiligen Monat zeigen und welche Projekte anstehen werden.

Wir führen dieses Ritual sehr intensiv durch und nutzen die Botschaften im neuen Jahr auf ganz konkrete Weise.

Wir verwenden dazu eine ganze Reihe von Kartensets, die wir sowohl für uns selbst als auch in unserer Praxisarbeit einsetzen. Dazu legen wir zunächst die verschiedenen Themenbereiche fest, zu denen wir gern Botschaften hätten. In der Regel geht es um Beruf, persönliches Umfeld, Partnerschaft, Erfolg, Gesundheit oder Seelenplan. Nachdem wir die Themen festgelegt haben, wählen wir die entsprechenden Kartensets (z. B. Schutzengelkarten, Krafttierkarten, Drachenset und viele weitere), aus denen wir Informationen und Hinweise erhalten möchten. Dann ziehen wir für jeden Monat aus allen ausgewählten Sets jeweils eine Karte.

Schickt uns beispielsweise der Schutzengel die Botschaft „Lebensfreude", dann stellen wir uns, noch bevor wir die Bedeutung der Karte nachschlagen, folgende Fragen: Was sagt uns das Bild? Was fällt uns spontan zu Lebensfreude ein? Wenn Du genauso vorgehen möchtest, nimm Dir Zeit und lasse die gezogene Karte einen Moment auf Dich wirken. Vielleicht zieht Dich ein Detail magisch an. Welche Bedeutung hat diese Botschaft für Dich ganz persönlich? Weitere Fragen könnten sein: Wo kommt die Lebensfreude derzeit in meinem Leben zu kurz? Wer oder was verhindert, dass ich meine Lebensfreude derzeit spüre? Notiere alles, was Dir spontan einfällt, in Deinem Raunachttagebuch. All die wertvollen Impulse werden sonst über Nacht verschwinden.

Die Interpretationen der einzelnen Botschaften können sehr unterschiedlich sein. Die Botschaft „Lebensfreude" könnte darauf hinweisen, dass Du im entsprechenden Monat mehr Freude in Deinen Alltag integrieren solltest. Sie kann bedeuten, dass Du Dein inneres Kind wieder wecken und einfach Spaß am Leben haben solltest, indem

Du vielleicht einfach mal freudig durch den Regen tanzt. Manche Dinge geschehen in den entsprechenden Monaten ganz von selbst, andere brauchen Deine Unterstützung.

Die Antworten und Deine Interpretationen zu notieren, ist sehr wichtig, weil sie zu Beginn eines jeden Monats nachgelesen werden können und Du Dich an die Umsetzung machen kannst. Vielleicht hast Du Dir in den Raunächten für einen bestimmten Monat das Thema Werbung und Marketing notiert und ausgerechnet in dem Monat lernst Du jemanden kennen, der Dich in diesem Bereich unterstützen kann, oder Du besuchst eine Fortbildung zu diesem Thema.

Wir lieben diese Vorgehensweise und können uns so ganz vertrauensvoll auf das Jahr einlassen, weil wir spüren, wir werden geführt. Alles tritt zum richtigen Zeitpunkt in unser Leben und wir sind uns der Tatsache bewusst, dass jeder Prozess seine Zeit braucht. Wir können dem Alltag mit viel mehr Gelassenheit begegnen und in Leichtigkeit leben. Wir können unser Ego nach und nach loslassen, uns ganz auf das Thema des Monats konzentrieren, unsere Energie gezielt für unsere Herzensprojekte einsetzen und Schritt für Schritt vorwärtsgehen.

Wir spüren dadurch, dass wir im Laufe des Jahres ruhiger sind und nicht mehr in Chaos verfallen. Wir beenden den eigenen inneren Kampf, alles sofort erreichen zu müssen. Die Botschaften helfen uns, zu erkennen, dass nicht immer alles sofort erfüllt werden muss, nur weil unser Verstand es gern so hätte. Unsere Ziele erreichen wir dennoch, jedoch mehr aus dem Herzen und dem Vertrauen heraus.

Heilsteine und Talismane

Wir empfehlen Dir, dass Du Dir neben den Orakelkarten auch ein paar schöne und für Dich kraftvolle Heilsteine zulegst. Gib alle Steine – es sollten mindestens zwölf verschiedene Steine sein, für jeden Monat einen Stein – in eine Box und ziehe in jeder Raunacht einen für den jeweiligen Monat. Jeder Stein hat eine besondere Bedeutung, eine besondere Kraft und Energie, die Du im kommenden Jahr als Unterstützung in Dein Leben einbeziehen kannst. Um die Wirkung der Raunachtthemen zu verstärken, empfehlen wir Dir, vor einer jeden Meditation, die wir im dritten Teil beschreiben, einen Heilstein zu ziehen und ihn währenddessen in Deiner Hand zu halten oder auf Deinen Körper zu legen. So wird der Heilstein mit der Tagesqualität aufgeladen und die Energie der Raunacht steht Dir im nächsten Jahr noch zur Verfügung.

Zusätzlich zu den Heilsteinen können wir aus eigener Erfahrung noch die Begleitung eines persönlichen Talismans empfehlen, und zwar ebenfalls für jede Raunacht bzw. für jeden der zwölf Monate einen. Dabei kann es sich um ein Fundstück, z. B. eine Muschel oder einen Stein, handeln oder um einen für Dich kraftvollen Gegenstand. Wir verwenden als Talismane naturechte Edelsteine mit Symbolen, die in den Stein eingraviert wurden und somit eine zusätzliche Botschaft enthalten. Ein Talisman kann eine tiefe Verbindung zwischen unseren Träumen und der eigenen erfahrenen Spiritualität herstellen. Als täglicher Begleiter kann er zu einem Inspirationsbrunnen für den Träger werden und zugleich für Schutz sorgen.

Kraftmandala

Nachdem Du jeweils zwölf Orakelkarten und Heilsteine gezogen hast und somit umfangreiche Informationen zu den einzelnen Monaten im kommenden Jahr erhalten hast, wäre es schade, all Deine Karten und Steine nur irgendwo abzulegen.

Wir fertigen daher gern ein Kraftmandala für sie an. Nimm dazu ein leeres, weißes A3-Blatt zur Hand und teile es in zwölf Bereiche ein, die wie Kuchenstücke angeordnet sind. Beschrifte die einzelnen Abschnitte mit den Monaten Januar bis Dezember. Lege Deine Steine und Karten auf den entsprechenden Monat Deines persönlichen Kraftmandalas. Suche dann einen schönen Platz in Deinem Zuhause aus, an dem Du das Mandala immer wieder betrachten kannst.

Verbinde Dich am 6. Januar, nachdem sich die Tore zur Anderswelt wieder geschlossen haben, mit den Energien aus den einzelnen Raunächten, indem Du eine Kerze anzündest und all die Botschaften und Informationen segnest. Die Karten kannst Du danach wieder in die Sets zurückgeben, da Du die Informationen ja in Deinem Tagebuch notiert hast. Die Steine bleiben zusammen mit einer Kerze das ganze Jahr über an dem Platz, den Du für sie gewählt hast. Verbinde Dich jeden Monat mit dem entsprechenden Stein und seiner kraftvollen Energie und danke Deinen himmlischen Begleitern für ihre volle Unterstützung bei der Umsetzung Deiner Träume und Ziele.

♡ ♡ ♡

Affirmationen

Die Autosuggestion – auch bekannt als Affirmationsarbeit – wurde im 19. Jahrhundert von dem französischen Apotheker Émile Coué entwickelt. Der Begriff stammt aus dem Griechisch-Lateinischen und bedeutet so viel wie gedankliche Selbstbeeinflussung. Mithilfe der bei der Autosuggestion verwendeten Affirmationen ist ein Mensch in der Lage, sein Unterbewusstsein zu trainieren und neu auszurichten. Affirmationen sind selbstbejahende Sätze und Formeln, deren Wirkung heute zunehmend anerkannt ist und die in der ganzheitlichen Medizin zur Linderung von Schmerzen und zur Heilung von körperlichen und psychischen Beschwerden eingesetzt werden. Daneben haben sich in unserer Praxis Affirmationen bewährt, wenn es darum geht, blockierende Gedanken aufzulösen und sich in der Persönlichkeitsentwicklung neu und kraftvoll auszurichten.

Jeder Mensch verfügt über Selbstheilungskräfte, die wir oft im Alltag gar nicht wahrnehmen, weil wir kaum oder gar nicht mit uns selbst in Kontakt stehen. Wenn wir aber unseren eigenen Körper ganz bewusst kennenlernen, ein Gefühl für ihn entwickeln und ihn besser wahrnehmen, so können wir mit Affirmationen unsere Gedanken und

Emotionen positiv beeinflussen und damit auf neue Weise handeln.

Vielleicht kennst Du das Entspannungsverfahren autogenes Training. Dort heißt es: Der Atem fließt ruhig und gleichmäßig. Das Herz schlägt in einem ruhigen Takt. Wenn Du diese Sätze im Rahmen des autogenen Trainings anwendest, kommst Du tatsächlich allmählich zur Ruhe und spürst das auch an Deinem Atem und Deinem Herzschlag.

Im dritten Teil unseres Buches stellen wir Dir daher speziell für jede einzelne Raunacht und den Monat, der ihr entspricht, Affirmationen vor, die Du im Anschluss an die Meditationen und Tagesübungen nach Herzenslust anwenden kannst.

Lichtvolle Begleiter

Wenn wir etwas in uns oder unserem Leben verändern möchten, dann können wir jede Art von Unterstützung gebrauchen. Daher stellen wir Dir hier einige wohlwollende, helfende Bewusstseinsaspekte, Energien, Kräfte und Wesen aus der geistigen Welt vor. Sie wirken im Gegensatz zu der uns vertrauten materiellen, stofflichen Welt auf der geistigen und feinstofflichen Ebene. Beide interagieren miteinander und bedingen sich. Doch wir Menschen erleben das Feinstoffliche um uns oft nur unbewusst oder tun es als Täuschung unserer Sinneswahrnehmung ab. Dennoch möchten wir Dich einladen, den einen oder anderen Helfer aus der geistigen Welt näher in Augenschein zu nehmen und ihn vielleicht in Deinen Alltag zu integrieren.

Engel

Engel wandeln im Licht Gottes und wurden uns gesandt, um das Göttliche in jedem Aspekt des Lebens zu sehen. Dabei geht es in erster Linie um Dich. Die Engel dienen dem einen großen Geist und sind Boten, um

- Dir Trost in Zeiten der Not zu übermitteln,
- Dich der allumfassenden Liebe näherzubringen,

- Dich tief in Deinem Herzen zu berühren,
- Dich an das Licht in Dir zu erinnern und das nicht nur, wenn Du in der Dunkelheit wandelst.

Engel besitzen keinen eigenen, freien Willen, deshalb ist es wichtig, dass Du sie um Unterstützung bittest. Dann können sie zum Höchsten für Dich wirken. Sie sind uns näher, als Du vermuten würdest.

Jeder Mensch besitzt einen Schutzengel, der ihm zur Seite gestellt wurde, um ihm zu helfen, seinen Lebensplan zu verwirklichen. Es gibt für jeden Aspekt des Lebens nicht nur einen himmlischen Helfer. Die Vielzahl der Engel übersteigt unser aller Vorstellungsvermögen.

Aufgestiegene Meister

Aufgestiegene Meister sind nicht körperliche Bewusstseinsformen, die uns unterstützen können. Sie durften eigene Erfahrungen während ihres Erdenlebens machen. Jetzt helfen sie uns von den höheren Ebenen aus, unser Bewusstsein zu entwickeln. Es ist wundervoll, mit ihnen in Kontakt zu treten und sich von ihrer tiefen Liebe zu den Menschen inspirieren zu lassen.

Naturwesen

Naturwesen sind Energieformen auf der feinstofflichen Ebene. Sie kennen den genauen Bauplan eines jeden Organismus, jeder Pflanze und jedes Minerals. Alles in der Natur Vorkommende begleiten sie in seiner entsprechenden Entfaltung und in seinem Wachstum. Auf diese Weise können sie uns viele verschiedene Perspektiven des Lebens näherbringen und auch uns bei unserer Entfaltung fördern.

Feen

Feen gehören zu den Naturwesen. Sie sind zauberhafte, zarte, liebliche Geschöpfe, die in unterschiedlichen Größen vorkommen, und sie stehen in Verbindung mit den kosmischen Kräften und den Elementen. Sie bewirken Heilung dank ihrer allumfassenden Liebe. Sei im Einklang mit den Feen und sie werden Dich mit ihrem magischen Lichtstab berühren und Dein Herz weiter öffnen, um Dich der Heilung zuzuführen.

Krafttiere

Krafttiere sind Energieformen, die unsere Seele unterstützen. Sie verleihen uns, wie ihr

Name schon sagt, kraftvolle Eigenschaften, über die das Tier verfügt. Auf unseren inneren Erkundungsreisen können sie uns begleiten, Schutz bieten, Rat erteilen und Kraft geben. Mit ihnen fällt es uns leichter, über unseren Schatten zu springen und überhaupt Veränderungen anzunehmen und möglich zu machen.

Drachen

Drachen können uns als weise Weggefährten zur Seite stehen und uns in unserer Seelenreise bestärken. Sie möchten, dass wir uns an unsere eigene unbändige, goldene und heilsame Herzenskraft erinnern. Drachen verwandeln Deine niederen Energien in höhere, wenn Du ihnen die Gelegenheit dazu gibst.

Einhörner

Die Einhörner stehen für Reinheit, Unschuld und Licht und geben uns Hoffnung. Diese mythischen Wesen möchten Dich an Deine Dir innewohnende Magie erinnern. Sie fördern Deine Verspieltheit, ohne dass

Du den Boden unter den Füßen verlierst. Ebenso erinnern sie Dich immer wieder daran, den heilsamen Richtungswechsel in Deinem Leben zum Wohle aller vorzunehmen.

♡ ♡ ♡

13 Wünsche

Zum Ende eines Jahres fallen einem immer wieder Wünsche ein, die sich doch bitte im nächsten Jahr erfüllen dürfen. Viel dafür tun wollen wir nicht, aber Wünschen macht Spaß und wenn sich unsere geheimsten Herzenswünsche dann doch erfüllen, sind wir glücklich und zufrieden.

Ein wunderbares Ritual für die Raunächte ist es deshalb, Dir 13 Wünsche für das kommende Jahr zu überlegen. Das können bescheidene Wünsche sein wie beispielsweise der Wunsch nach mehr Freizeit. Vielleicht sind es auch elementare Wünsche wie der nach Gesundheit und Vitalität oder nach einem besseren Job oder mehr finanziellen Mitteln. Ganz gleich, was Du Dir wünschst, vertraue darauf, dass Deine Wünsche sich erfüllen.

Schreibe zunächst all Deine Wünsche in Deinem Raunachttagebuch untereinander auf. So kannst Du am Ende des Jahres sehen, ob sie sich erfüllt haben oder ob welche unerfüllt geblieben sind. Schreibe außerdem am ersten Tag der Raunächte jeden Wunsch auf jeweils einen kleinen Zettel und falte jeden dieser Zettel zusammen, am besten so, dass sie sich nicht unterscheiden. Lege Deine 13 Wünsche in eine schöne Schachtel.

Nimm Dir am ersten Tag und dann an jedem folgenden Tag ein paar Minuten Zeit und verbinde Dich mit Deinen Wünschen. Ziehe dabei einen Wunschzettel und verbrenne ihn im Anschluss, ohne ihn noch einmal gelesen zu haben. Vertraue und lasse den Wunsch dadurch wieder los.

Nach den zwölf Raunächten wird ein Wunschzettel übriggeblieben sein. Am 6. Januar kannst Du dann diesen letzten Zettel aus Deiner Schachtel nehmen. Zünde eine Kerze an und lies Dir Deinen verbliebenen Wunsch durch. Während Du bei allen anderen Wünschen darauf vertrauen kannst, dass das Universum sich um die Wunscherfüllung kümmert, ist es Deine Aufgabe, Dir den 13. Wunsch selbst zu erfüllen. Wenn Du zum Beispiel notiert hast: „Ich wünsche mir mehr Vitalität“, so ist es an Dir, Dich darum zu kümmern. Du könntest Dein Ziel dann positiv beeinflussen, indem Du für ausreichend Schlaf sorgst, Dich bewusster ernährst, Dich mehr bewegst oder regelmäßig Entspannungsübungen in Deinen Alltag integrierst.

Verbrennungsritual

Das Verbrennungsritual ist eine der kraftvollsten Übungen zum Jahresende. Du kannst es aber auch zu jeder beliebigen Zeit im Laufe des Jahres wiederholen. Notiere dazu alles, wovon Du Dich befreien möchtest. Welche Menschen, Gegenstände, Gedanken und Gefühle willst Du gern loslassen, um unbelastet und positiv ins neue Jahr gehen zu können? Schreibe alles auf, was Dir in den Sinn kommt. Das könnte wie folgt aussehen:

- „Ich lasse die Wut wegen der Affäre meines Mannes/meiner Frau los.“
- „Ich lasse die Traurigkeit über den Tod meines Hundes los.“
- „Ich lasse die Enttäuschung darüber los, dass mein Chef meine Arbeitsleistung nicht anerkennt oder ich nicht entsprechend dafür entlohnt werde.“

Wenn Du alles notiert hast, was Dir spontan eingefallen ist, dann nimm einen feuerfesten Topf zur Hand, stelle Dich vor den Kamin, wenn Du einen hast, oder suche im Garten eine Feuerstelle auf. Lies noch einmal alles laut vor und bitte Deine Engel, Deine himmlischen Helfer, Gott oder Deine Krafttiere – je nachdem, an welche Helfer Du glaubst – um Unterstützung. Sage laut:

- Liebes Universum, liebe Engel ...,
- ich bitte Euch jetzt um Unterstützung. Bitte löst meine Ängste, meine Zweifel, meine Sorgen vollständig auf und transformiert mein Anliegen

in Licht und Liebe. Bitte befreit mich von all den einschränkenden Gedanken und den blockierenden Gefühlen, die nur meinem Ego entsprechen und mich immer weiter von bedingungsloser Liebe trennen. Bitte löst jetzt alles auf, damit wieder Licht und Liebe durch mich hindurchfließen können.

Danke.

Zünde den Zettel an oder wirf ihn ins Feuer und lasse die Gedanken an Deine Niederschrift los. Bleibe noch einen Moment am Feuer stehen und spüre in Dich hinein. Vielleicht fühlst Du nach ein paar Minuten, was sich in Dir bereits verändert hat.

Wiederhole dieses Ritual an drei bis fünf aufeinanderfolgenden Tagen und Du wirst sehen, dass Du gelöster sein wirst und Dich ganz automatisch, ohne Dein Zutun von negativen Gedanken und Gefühlen befreist.

Eine abgewandelte Form dieses Rituals wäre, dass Du Dich in jeder Raunacht von den Altlasten des entsprechenden vergangenen Monats befreist. Beginne in der ersten Raunacht und schreibe alles auf, was Du für den vergangenen Januar noch loslassen möchtest. Was war im letzten Januar, was noch nicht bereinigt wurde? Verbrenne Deine Notizen. Führe das Verbrennungsritual dann täglich auch für die anderen Monate aus. Schließe so Monat für Monat Frieden mit dem alten Jahr.

4-7-8-Atemtechnik

Wenn endlich einmal Zeit ist abzuschalten, stellen wir oft fest, dass unsere Gedanken nicht einfach so zur Ruhe kommen. Selbst nach ein paar arbeits- und stressfreien Tagen kreisen sie schon um das nächste Geschäftsjahr oder um unbeliebte Kollegen, die man zu bald wiedersehen wird. Wir machen uns Sorgen, geraten ins Grübeln, finden keine Ruhe und schlafen schlecht.

Wenn Du das kennst, empfehlen wir Dir die 4-7-8-Atemtechnik. Du kannst sie anwenden, wenn Deine Gedanken ständig kreisen oder wenn Du einfach bewusster mit Dir in Kontakt kommen möchtest. Am besten machst Du die Übung abends vor dem Einschlafen, während Du aufrecht im Bett sitzt.

Mache es Dir bequem. Lege die Zungenspitze an den Gaumen. Atme durch die Nase ein und zähle dabei bis vier. Halte nun den Atem an und zähle währenddessen bis sieben. Nun erst atmest Du durch den Mund bewusst und ruhig aus und zählst dabei bis acht. Wenn Du durch den Mund ausatmest, dann geht es leichter, wenn Du dabei die Zunge vom Gaumen löst. Wiederhole den Ablauf noch viermal.

Führe diese Übung nur einmal täglich aus. Die Wirkung ist sehr intensiv.

Gehmeditation

Wenn Du zu den Menschen gehörst, die – auch an freien Tagen – einfach nicht richtig zur Ruhe kommen können und die Stille gar nicht mehr wahrnehmen oder aushalten können, dann versuche, Entschleunigung in Deinen Alltag zu bringen.

Unternimm einen Spaziergang durch die Natur. Zieh Dir bequeme Kleidung an. Verzichte bewusst auf den engen Hosengürtel. Lasse alle unnötigen Gegenstände wie Handtasche und Handy zu Hause. Suche eine schöne, ruhige Umgebung auf. Das kann ein Waldstück, ein Feldweg oder ein Spazierpfad sein, wo sich nicht so viele Menschen tummeln.

Setze einen Fuß nach dem anderen auf den Boden. Gehe ganz normal los, so, wie Du es sonst auch tun würdest. Ganz in Deinem Tempo, ganz auf Deine Art und Weise. Wie fühlt sich Dein Atemrhythmus an? Bist Du gerade in der Lage, tief und bewusst zu atmen, oder nimmst Du nur oberflächlich Sauerstoff in Dich auf? Spüre einfach mal in Deinen Brustkorb hinein, ohne zu bewerten. Atme während der ersten Schritte normal ein und aus. Geh einfach weiter. Nach etwa 50 Metern sage laut zu Dir: „Reduziere Dein Tempo."

Nimm die Geschwindigkeit aus Deinem Leben heraus. Atme bewusst ein und langsam aus, während Deine Schritte kleiner werden und Du das Tempo drosselst. Nach weiteren 50 Metern sage erneut laut: „Reduziere Dein Tempo.“

Verkürze Deine Schritte und gehe bewusst noch langsamer. Spüre während der Ein- und Ausatmung in Deinen Körper hinein. Welches Gefühl ist in Dir, wenn Du langsamer einen Fuß vor den anderen setzt? Gehe in kleinen Schritten achtsam weiter und weiter …

Konzentriere Dich jetzt bewusst auf Deine Atmung. Gib mit jeder Ausatmung ein bisschen mehr Stress und Anspannung an Mutter Erde ab. Nimm den Gedanken, der gerade in Dir aufkommt, wahr und lass ihn mit der nächsten Ausatmung noch ein wenig mehr los. Gehe ganz bewusst weiter und weiter und atme ruhig und gleichmäßig in Deinem Rhythmus weiter …

Schließe für einen Moment die Augen und mache zehn Schritte mit geschlossenen Augen. Setze dabei bewusst einen Fuß vor den anderen und werde mit den nächsten Schritten noch langsamer. Bringe auch Deinen

Atem noch mehr in den Gleichklang und in die Ruhe.

Vielleicht hast Du jetzt das Gefühl, kaum noch vorwärtszugehen, und Du denkst, Du würdest mit den nächsten Schritten fast stehen bleiben. Das ist okay, nimm es einfach nur wahr. Spüre in Dich hinein. Wie fühlt sich das an, einfach mal das Tempo zu reduzieren, nicht durch die Gegend zu hetzen? Betrachte einmal bewusst Dein Umfeld: die Bäume oder die Felder um Dich herum. Es gibt nichts zu tun im Moment. Schau Dich einfach um. Was nimmst Du wahr?

Vielleicht folgst Du dem Impuls, am Wegesrand stehen zu bleiben. Vielleicht beobachtest Du Tiere, die Dir im Wald begegnen. Lausche. Welche Töne und Stimmen sind jetzt um Dich herum? Vielleicht ist es um Dich herum ganz still geworden und nur Deine innere Stimme ist ein wenig lauter geworden. Was würde sie Dir mitteilen wollen?

Wenn sich in der Nähe ein Stein befindet oder eine Bank, setze Dich doch einen Moment und ruh Dich aus. Erlaube Dir, nichts zu tun, nur zu sein. Mit Dir zu sein. Du selbst zu sein. Verweile einen Augenblick und genieße den Moment. Atme immer wieder bewusst ein und ganz bewusst aus, indem Du Dir vorstellst, dass all die noch vorhandene Anspannung, die Sorgen und Ängste des Alltags einfach mit der nächsten Ausatmung leichter werden dürfen. Erlaube Dir, sie loszulassen.

Nachdem Du Dich eine Weile ausgeruht hast, tritt langsam den Rückweg an. Geh bewusst Schritt für Schritt zurück. Bleibe in Verbindung mit Deinem Atem, der ruhig und gleichmäßig fließen darf.

Wiederhole die Übung in den Raunächten täglich und im Laufe des Jahres immer dann, wenn Du das Gefühl hast, in hohem Tempo durchs Jahr zu gehen. Ziehe Dich von der Außenwelt weiter zurück und komme mit jedem Mal mehr und mehr bei Dir selbst an.

Dankbarkeitsübung

Die Dankbarkeitsübung empfehlen wir unseren Klienten nicht nur zeitweise, wenn es ihnen schlecht geht und sie alles schwarzsehen, sondern insbesondere zum Jahresende.

Nimm dafür ein schönes Heft oder einen Schreibblock zur Hand und notiere mindestens 104 Dinge, Personen und/oder Augenblicke, für die Du in diesem Jahr Dankbarkeit empfindest. Das klingt viel und Du glaubst vielleicht, das dauert ewig. Wir versichern Dir aber, dass Du die Übung in 30 Minuten schaffen kannst, wenn Du wirklich bewusst auf das alte Jahr zurückblickst. Wenn Dir mehr Erinnerungen einfallen, schreibe diese gern alle auf, aber finde mindestens zwei pro Woche, für die Du dankbar bist. Du kannst die Übung ein einziges Mal machen oder auch mehrere Tage hintereinander. Entscheide selbst, wonach Dir gerade ist.

Der Grund für die Übung ist einfach: Wenn Du das alte Jahr dankbar abschließt, säst Du gute Gedanken, anstatt – wie leider viele

Menschen – unzufrieden ins neue Jahr zu starten.

♡ ♡ ♡

Erfolgsnotizen

Wenn ein Jahr zu Ende geht, lassen viele Menschen es in stillen Minuten bewusst oder unbewusst Revue passieren. Dabei betrachten sie die Dinge, die wirklich gut waren oder die sie gut gemacht haben, oft nur für einen Moment. Was schlecht war oder misslungen ist, hat sich tiefer ins Herz gebrannt und erscheint jetzt, da die Stille einkehrt, noch einmal an der Oberfläche. Manche Menschen haben dann das Gefühl, es sei ein mittelmäßiges oder gar nicht gelungenes Jahr gewesen. Doch leider haben wir einfach so manche schöne Erfahrung aus unserem Bewusstsein verdrängt.

Du kannst Dir Deine eigenen Erfolge mit einer einfachen Übung stärker bewusst machen. Frage Dich, was Du in diesem Jahr alles erreicht hast. Welche Ziele hast Du verfolgt und welche konntest Du umsetzen? Was lief besonders gut in diesem Jahr? Welche Herzenswünsche hast Du Dir erfüllt? Notiere all Deine Erfolge. Mache diese Übung unbedingt schriftlich. Blicke positiv auf das Jahr zurück, sieh nicht nur die schwarz-weißen Konturen, sondern durchlebe die Bilder des Jahres in Farben. Mit Sicherheit lief nicht alles schlecht in diesem Jahr, sondern es gibt eine Menge, worauf Du stolz zurückblicken kannst.

Dann lasse alles, was gut lief, noch einmal in Dir wirken. Schaue darauf, welche Kraft Du hattest, um all das zu erreichen. Nimm die Erfolge in Dein Herzzentrum auf und integriere das Gefühl der Dankbarkeit. So legst Du einen schönen Grundstein für das kommende Jahr. Wer zufrieden ins neue Jahr startet, hat weniger Zeit zu klagen und geht automatisch mit einer positiven Einstellung an die Umsetzung seiner neuen Ziele, denn man zieht immer genau das an, worauf man ausgerichtet ist.

Du kannst diese Übung für Dich allein ausführen, wenn Du jedoch Lust hast, lies Deine Notizen innerhalb der Familie vor. Bewertet nichts, sondern erkennt die Erfolge der anderen an. Das fördert die Wertschätzung untereinander.

♡ ♡ ♡

Spiel, Spaß und Lebensfreude

Nach der Dankbarkeitsübung und den Erfolgsnotizen fühlst Du Dich vielleicht schon viel zufriedener und glücklicher. Die Zeit der Raunächte ist ja auch bestens dafür geeignet, Spaß zu haben und das Leben zu feiern. Wann hast Du das letzte Mal mit Deiner Familie ein Gesellschaftsspiel gespielt? Statt vor dem Fernseher zu sitzen oder am Computer zu spielen, könnte das Familienleben etwas erfrischt und die Gemeinsamkeiten gestärkt werden. Der Austausch untereinander intensiviert das Vertrauen.

Sucht Euch ein schönes Brettspiel aus und versammelt die ganze Familie um einen Tisch. Wenn Deine Kinder noch ganz klein sind, kaufe ein schönes Puzzle mit einem Motiv, das Deine Kinder lieben, und setzt

Euch gemeinsam hin, um das Bild anzusehen, darüber zu sprechen und Teilchen für Teilchen zusammenzufügen. Für Kinder ist es eine schöne Möglichkeit, die Koordination von linker und rechter Gehirnhälfte zu stärken. Erwachsenen hilft das Puzzeln, um in ganz tiefen Kontakt mit sich selbst zu treten. Du kannst dabei lernen, dass bestimmte Prozesse sich nicht beschleunigen lassen und dass alles, wirklich alles, seine Zeit hat. Vielleicht spürst Du während des Puzzelns, wie ungeduldig Du eigentlich bist, und stellst fest, dass Du zunehmend gelassener wirst und innerlich immer mehr zur Ruhe kommst. Vor allem lernen wir durch das Zusammensetzen einzelner Teile, dass es letzten Endes nicht um das Ziel geht, sondern um den Weg. Puzzeln kann ein Weg zu sich selbst sein, denn mit jedem Puzzle, das wir fertigstellen, erkennen wir neue Zusammenhänge, ein neues Bild für uns und unseren Weg.

Vielleicht mögt ihr keine Spiele, dann macht doch mal wieder eine Kissenschlacht. Lacht herzhaft miteinander und freut Euch!

Räuchern

Das Räuchern ist eines der ältesten Rituale während der Raunächte und eine wundervolle Möglichkeit, unsere Wohnräume zu reinigen und im wahrsten Sinne des Wortes wieder frischen Wind wehen zu lassen. Gerade vor den Feiertagen fegen und wischen wir den Schmutz aus unseren Zimmern und polieren die Wohnung oder das Haus auf Hochglanz. Aber die energetischen Abdrücke unserer Gedanken und Emotionen, von Trauer oder Streitigkeiten verschwinden so nicht. Mit Räuchern kann man sie jedoch sehr gut entfernen.

Bevor Du anfängst zu meditieren, ist es ebenfalls sehr hilfreich, Deine Umgebung energetisch zu reinigen. Du bist dann perfekt darauf eingestimmt, ausgeglichen und mit geklärtem Geist in die Ruhe sowie in die Tiefe zu gehen.

Außerdem kannst Du bei Krankheit die Erreger eindämmen. Dies ist eine ganz alte Tradition, denn es wurden schon früher in den Raunächten alle Stuben und Schlafzimmer, aber auch die Ställe mit dem Vieh ausgeräuchert, um alle Bewohner vor Krankheiten zu schützen und Segen über das Haus und den Hof zu bringen.

Zum Räuchern kannst Du zu Beginn ein einfaches Räucherstäbchen mit entsprechendem Halter aufstellen oder getrockneten Salbei in eine Muschelhälfte geben. Es gibt ein umfangreiches Sortiment an wirkungsvollen Kräutern, Hölzern und Harzen. Wenn Du das Aroma von Räucherwerk liebst, dann lohnt es sich, dass Du Dir eine Räucherschale mit Kohle zulegst, auf der eine Räuchermischung für die entsprechende Reinigung sorgt. Im Handel gibt es unheimlich viele Bücher, Räucherwerk und Zubehör. Stöbere ein wenig und probiere das ein oder andere aus. Öffne und erschließe Dir die Welt mit all Deinen Sinnen. Lasse Dich von Deiner eigenen Intuition und Begeisterungsfähigkeit leiten. Du wirst ganz automatisch zu den richtigen Mitteln für Dich persönlich greifen.

♡ ♡ ♡

Ätherische Öle

Es gibt eine Alternative zum Räuchern, falls Du Räuchergerüche nicht magst oder sie als zu intensiv empfindest. Um Deine Räume zu reinigen, kannst Du auch ätherische Öle nutzen. Sie erzeugen Düfte, die unsere Sinne ansprechen und in uns und unserer Umgebung eine Umstimmung und Neuausrichtung bewirken. In den Raunächten sind wir sehr empfindsam, sodass leicht unterdrückte Emotionen an die Oberfläche gespült werden können. Die ätherischen Öle können uns hervorragend unterstützen, indem sie den Raum – mithilfe einer Duftlampe – und uns selbst – bei einem Bad oder Peeling – reinigen und klären.

Die ätherischen Öle sind starke Konzentrate und sollten nur in seltenen Ausnahmen (z. B. Minzöl) unverdünnt verwendet werden. Sie können Reizungen bis hin zu Verätzungen der Haut und Schleimhäute auslösen. Daher solltest Du die Öle auch stets geschützt vor Kindern aufbewahren.

Ätherische Öle für jede Raunacht

Die folgende Übersicht ist eine Anregung für Dich, welches der vielen ätherischen Öle, die es gibt, Du in jeder einzelnen Raunacht nutzen kannst.

Raunacht	Ätherisches Öl	Wirkung	Duft
1	Ylang-Ylang	entspannend, leicht antiseptisch, blutdrucksenkend, beruhigend	süßlich, blumig
2	Lavendel	antiseptisch, stärkend, wundheilungsfördernd, erfrischend, entspannend	leicht, frisch, kräuterartig, blumig
3	Zedernholz	beruhigend, antiseptisch, raumluftreinigend, entspannend	warm, holzig
4	Lemongras	tonisierend, erfrischend, antiseptisch, anregend	zitrusartig, frisch, kühl, mild scharf
5	Bergamotte	belebend, erfrischend, entspannend, hautpflegend, stärkend, stimmungshebend	zitrusartig, frisch
6	Grapefruit	anregend, erfrischend, stärkend, kühlend, ausgleichend, euphorisierend	süßlich, zart, frisch, leicht bitter

7	Sandelholz	entspannend, antiseptisch, wundheilungsfördernd, anregend, entzündungshemmend, schleimlösend, kräftigend	warm, holzig, weich, balsamisch
8	Melisse	belebend, erfrischend, antiviral, stärkend, krampflösend, stimulierend	zitrusartig
9	Fichtennadeln	erfrischend, entspannend, antiseptisch, schleimlösend, durchblutungsfördernd	würzig, frisch, waldig
10	Neroli (Blüten der Bitterorange)	sehr entspannend, antiseptisch, hautpflegend, stimulierend, herzberuhigend, verdauungsfördernd, krampflösend	warm, süßlich
11	Geranie	erfrischend, entspannend, reinigend, adstringierend, schmerzlindernd	harzig, zitrusartig, rosenähnlich
12	Angelikawurzel	stärkend, aufbauend, krampflösend	herb-süßlich, aromatisch

Körperreinigung mit ätherischen Ölen

Vielleicht hast Du Dich mit dem Verbrennungsritual schon auf der geistigen und seelischen Ebene gereinigt und konntest

Dich so von all den belastenden Gedanken und Gefühlen befreien. Um auch Deinem Körper und Deinen Zellen eine Frischekur zu ermöglichen, empfehlen wir Dir ein heißes Fuß- oder Wannenbad mit ätherischen Ölen.

Für eine wohltuende Mischung benötigst Du neben dem für Dich passenden ätherischen Öl noch einen Emulgator. Hierfür eignen sich Honig, Milch, Sahne, aber auch Meersalz. Gib zu zwei Esslöffeln des gewählten Emulgators etwa 10 bis 15 Tropfen des ätherischen Öls und verrühre sie. Dann gib die Ölmischung in Dein Fuß- oder Wannenbad.

Falls Du Wannen- oder Fußbäder nicht magst, kannst Du die gleiche Wirkung auch mit einem Salzpeeling erreichen und Dich damit von allen alten und verbrauchten Energien reinigen.

Verwende hierfür zwei Esslöffel eines fetten Öls (Mandel- oder Olivenöl) als Grundlage und mische dieses mit einigen Tropfen Deines Lieblingsöls. Verrühre diese Ölmischung mit so viel Meersalz, dass sich dieses richtig vollsaugen kann und ruhig auch noch überschüssiges Öl vorhanden ist. Fertig ist Dein Peeling, mit dem Du Dich leicht massieren und verwöhnen kannst. Beim Abbrausen spürst Du die reinigende und pflegende Wirkung.

Trinke am besten außerdem zwei bis drei Liter gutes und stilles Quellwasser täglich, um Giftstoffe – dazu zählen auch saure Gedanken und Gefühle – auszuschwemmen und Dich neu auszurichten. Du wirst sehen, nach wenigen Tagen fühlst Du Dich vitaler und frischer.

♥ ♥ ♥

TEIL 3

MEDITATIONEN UND ÜBUNGEN

Das dritte Kapitel beschäftigt sich intensiv mit jeder einzelnen Raunacht, aber auch mit den beiden einstimmenden Tagen zuvor – der Wintersonnenwende und dem Heiligabend – sowie mit dem 6. Januar, dem Abschluss der Raunächte. Wir bereiten Dich auf die tägliche Meditation vor, indem wir auf die Energie des jeweiligen Tages eingehen und Dir Fragen stellen. Der Meditation folgen verschiedene Tagesübungen, die wir Dir sowohl in der einzelnen Raunacht als auch in dem ihr zugeordneten Monat des neuen Jahres empfehlen. Am Ende schlagen wir Dir immer Affirmationen vor. Wähle eine von ihnen aus und arbeite intensiv mit ihr in jeder Raunacht und im entsprechenden kommenden Monat.

Die Meditationen, die wir für Dich vorbereitet haben, kannst Du auf Deinen MP3-Player sprechen, am besten mit genügend Pausen und Raum zwischen den einzelnen Absätzen, um Deinen eigenen Eindrücken genug Zeit zu geben, sich zu formen. Eine andere Möglichkeit ist, dass Du Dir die Meditationen von einem Deiner Lieben langsam vorlesen lässt und er Dich somit durch die Meditationen führt.

Ebenso gut kannst Du Dir den Inhalt durchlesen und Dir die Highlights merken. Lasse eine ruhige Musik dazu ablaufen, wenn Du möchtest, und führe Dich selbst durch die Meditation.

Nutze für die Meditation einen Ort der Ruhe in Deinem Heim und stimme Dich mit einer gemütlichen Atmosphäre ein. Sind Dein Handy, Dein Telefon und die Hausklingel lautlos oder ausgeschaltet, damit Du in der Stille keinen Schreck bekommst? Bitte Deine Familie bzw. Deine Mitbewohner, die geschlossene Tür zu respektieren. Kümmere Dich vorher auch um Deine Haustiere, falls Du welche hast. Manche lieben es regelrecht, dabei zu sein, und entspannen völlig. Für andere ist es besser, kurzfristig in einem anderen Raum zu verweilen, um sich dort wohlzufühlen.

Mache es Dir an Deinem Platz der Ruhe in einem Stuhl oder Sessel richtig bequem und kuschle Dich ein. Stelle Deine Füße fest auf den Boden. Wenn Deine Beine dafür zu kurz sind, dann lege Dir eine zusammengerollte Decke oder ein Kissen unter die Füße. Der Rücken sollte möglichst gestützt und gerade sein und die Kleidung bequem und locker am Körper anliegen.

Atme tief ein und spüre ganz bewusst in Deinen Körper hinein. Kannst Du es in dieser Position einige Minuten oder vielleicht auch etwas länger entspannt aushalten?

Prüfe bitte, ob alle Störquellen ausgeschaltet sind. Dimme das Licht so, dass es für Dich angenehm ist. Beginne erst dann mit der jeweiligen Meditation.

Im Anschluss an die Meditation kannst Du Dir eine der von uns vorgeschlagenen Affirmationen aussuchen und Dir diese dann in der Raunacht sowie im entsprechenden Monat täglich aufsagen oder aufschreiben. Falls Dir unsere Affirmationen nicht zusagen, finde einfach Deine ganz persönlichen. Aber berücksichtige dabei bitte immer das Thema des Monats. So verstärkst Du die Energie im kommenden Jahr. Achte auch stets darauf, dass die Affirmationen positiv ausgedrückt und in der Gegenwart formuliert sind. Vermeide Wörter wie „müssen", „können", „sollen" und „nicht".

Sage die ausgewählte Affirmation mindestens dreimal täglich auf. Um die Wirkung zu verstärken, klopfe die Thymusdrüse in der Mitte des Brustkorbs, während Du die Sätze laut aussprichst.

Tag der Wintersonnenwende

Wintersonnenwende,
Verkünderin des Dunkels Ende.
Erhaben bäumt sich die Finsternis auf,
es wird gefeiert, so will es der Brauch.
Das Licht verhüllt und sichtbar nur ein Minimum,
das geistige Sehen öffnet sich kraftvoll drum.
Erkenne, was war,
was ist und vielleicht geschieht,
Deine Hoffnung des Herzens
über die Angst siegt.

Energie der Wintersonnenwende

Es kann in Deinem Leben zu jeder Zeit eine Wende geben. Verheißt das etwas Gutes für Dich oder macht es Dir eher Angst? Je nachdem, wie Deine Antwort ausfällt, so nimmst Du das Leben wahr. Es ist entweder bedrohlich oder Du fühlst Dich gesegnet und bist im Vertrauen, auch wenn Veränderungen auf Dich zukommen. Die Wintersonnenwende spricht genau dies in Dir an. Es werden Aspekte, die noch nicht im

Licht, sondern in der Angst stehen, gehoben. Die Furcht hindert uns, uns genau diesen Sichtweisen zuzuwenden und über sie hinauszugehen. Wende Dich Deinen Schattenseiten zu. Sie sind nichts weiter als Glaubenssätze und Urteile über Dich und andere, die an bestimmte Emotionen gebunden sind. Vieles davon entspricht längst nicht mehr Deiner heutigen Energie. Vertraue darauf, dass nur diejenigen Aspekte an die Oberfläche kommen, die sich bereits ans Licht drängen. Du bist eine wundervolle Seele, entdecke den Glanz in Dir.

Einstimmung

Am 21. Dezember, dem Tag der Wintersonnenwende, erreicht die Dunkelheit ihren Höhepunkt. Viele von uns fühlen sich aufgrund der wenigen Sonnenstunden an diesem Tag müde und erschöpft. Zwar werden danach die Phasen der Helligkeit allmählich wieder länger, doch unser Organismus befindet sich zu diesem Zeitpunkt sozusagen noch im Winterschlaf. Weil wir viel Zeit drinnen verbringen, bekommen wir nur wenig natürliches Licht, was sich in Stimmungsschwankungen und Melancholie äußern kann.

Der Tag der Wintersonnenwende eignet sich besonders dazu, zur Besinnung zu kommen, die Natur ganz bewusst mit all ihren Facetten zu betrachten und die Sonne und damit das Licht, das uns nährt, willkommen zu heißen. Das Symbol für das Sonnenlicht ist das Feuer. Ein schönes Ritual für diesen Tag ist es, sich mit der Familie und mit Freunden um eine Feuerstelle zu versammeln, zu singen und zu tanzen. Paare springen an diesem Tag auch gern über das Feuer und bekunden so ihre Liebe zueinander, andere nehmen an einem Feuerlauf teil, bei dem sie barfuß über glühende Kohlen gehen. Wenn Du nicht nach draußen gehen willst, laden wir Dich ein, es Dir im Haus ganz gemütlich zu machen, mit der Familie zusammenzusitzen, Geschichten zu erzählen und Kerzen oder Salzlampen anzuzünden.

Dieser Tag eignet sich dazu, dass Du Dir folgende Fragen stellst:

- Wo in Deinem Körper befindet sich die eigene, verborgene Dunkelheit?

- In welchem Bereich Deines Organismus tobt Dein eigener innerer Krieg? Vielleicht in Deinem Herzen oder in Deinem Bauchbereich? Oder sind es Deine Gedanken, die düster sind?
- Erlaubst Du Dir überhaupt, Licht aufzunehmen und Dein inneres Strahlen zum Leuchten zu bringen?

Die Thomasnacht – so wird die Nacht vom 21. auf den 22. Dezember auch genannt – ist wie geschaffen dafür, sich Zeit zum Fühlen zu nehmen. Versuche mindestens eine halbe Stunde, Dich ganz zu fühlen – zu spüren, was in Dir ist, was schon so lange unterdrückt wurde und verborgen in Deinem Inneren schlummert. Irgendwo tief in Dir gibt es einen Bereich, in dem sich alter Schmerz tief festgesetzt hat und darauf wartet, erlöst zu werden. Nimm Deine Gedanken und Gefühle an diesem Tag nur wahr, ohne sie zu bewerten. Gib der Trauer oder Wut für einen Moment Raum, um sich zeigen zu dürfen, ohne dass Du dabei ins Drama gehst. Wenn Deine Gedanken sich wieder beruhigt haben, laden wir Dich zu einer Meditation ein, mit der Du Dein Licht wieder zum Strahlen bringen kannst. Erst ganz zaghaft und dann immer ausdrucksstärker.

Meditation

- Mache es Dir an Deinem Rückzugsort richtig bequem. Nimm einige tiefe Atemzüge und komme ganz bei Dir an. Lasse Deinen Alltag für einige Zeit hinter Dir, denn alles ist später noch genauso da. Spüre, wie Du beginnst, zu entspannen, indem Du beim Einatmen visualisierst, dass die frische, sauerstoffreiche Luft in Deine Lunge und von dort durch Dein Herz bis hinunter in Deinen Bauchraum strömt. Beim Ausatmen stelle Dir vor, wie Du in die Entspannung gehst und all die alte, verbrauchte Luft aus Dir weicht und den Stress mit sich nimmt. Verbleibe einige Atemzüge dabei und genieße, wie Du mehr und mehr entspannst.
- Spüre, wie Du immer mehr bei Dir ankommst. Du betrittst nun Deine innere Welt. Atme ruhig weiter und werde Dir Deines ganz eigenen Raumes bewusst. Er dehnt sich noch mehr aus und Du gleitest tiefer, indem Du Dich weiter mit Deinem Bewusstsein nach innen wendest.
- Du bist jetzt an Deinem ganz persönlichen Ort der Ruhe angekommen. Fühle einfach nur, wie die Stille, aber auch der Frieden Dich umfängt.
- Wenn Du mit Deinen Gedanken abschweifst, dann verlagere Deinen Fokus wieder auf Deine Atmung. Dadurch kehrst Du ganz automatisch in Deinen Raum der Ruhe zurück.
- Beobachte, wie im Zentrum ein Licht entsteht. Konzentriere Dich auf dieses Licht. Durch Dein

Bewusstsein verstärkt es sich und wird größer. Es nimmt immer mehr Raum ein. Verweile bei diesem Licht und erfreue Dich an diesem Anblick.

Spüre, wie Du immer mehr von diesem Licht und dessen Energie durchdrungen wirst und es sich wie eine Aura um Dich legt. Nimm jetzt den inneren Frieden wahr und auch, wie er Dich mittlerweile ganz einhüllt. Genieße diesen Zustand des Seins und bade darin.

Es kann sein, dass sich einige Emotionen melden. Erlaube ihnen, da zu sein. Verdränge sie nicht weiter. Vielleicht tauchen auch Bilder oder einzelne Situationen auf. Nimm all dies wahr und lass es bitte einfach geschehen. Verwende keine Energie mehr, um sie von Dir fernzuhalten. Sende ihnen Dein eigenes Licht. Spüre, wie die Bilder und die Emotionen da sein dürfen und Du sie gleichzeitig in Deinem Licht badest.

Erfreue Dich an der Wandlung in Dir. Du verändertest Dich bereits, indem Du Dich öffnetest und die Erlaubnis dazu gabst. Fühle, wie es leichter in Dir wird und wie das Licht alles beleuchtet, durchleuchtet und wie alles ins Licht gewandelt ist.

Jetzt wird jede einzelne Zelle Deines Körpers in diese Energie gehoben. Vielleicht beginnt Dein Körper, leicht zu vibrieren, oder ein Kribbeln breitet sich aus. Nimm einfach nur wahr und verweile in Deiner momentan höchsten Energie. Es ist Dein Licht, Deine Kraft, die Du gerade gebildet hast. All das steckt in Dir und Du strahlst es jetzt aus.

Mit diesem Gewahrsein kommst Du jetzt ganz langsam wieder in Deinen Alltag zurück. Bewege Dich ein wenig. Deine Augen öffnest Du in Deinem ganz individuellen Tempo. Spüre Deiner eigenen Energie im Körper noch einmal nach, sieh Dich um und sei wieder ganz im Hier und Jetzt.

Tagesübungen für die Wintersonnenwende

1. Gehe nach draußen, singe und tanze um eine Feuerstelle.
2. Zünde ein Licht an und heiße die Sonne willkommen.
3. Beantworte folgende Fragen und notiere Deine Antworten im Raunachttagebuch: Was möchte noch geklärt werden im alten Jahr? Welche Ereignisse oder Erlebnisse sollten neu beleuchtet werden?
4. Reinige Deinen Wohn- und Schlafplatz, indem Du alles einmal gründlich durchräucherst. Die klärende und reinigende Wirkung ist an diesem Tag besonders intensiv.

Affirmationen für die Wintersonnenwende

- Ich öffne mich für das Licht in mir.
- Ich lasse das Jahr hinter mir und entzünde das Licht in mir neu.

Heiligabend

Wandlung zum Höchsten nicht nur im Außen geschieht,
es ist das Innere, das im Licht gebadet neu sieht.
Lass Dich berühren vom hellen, göttlichen Schein.
Er kommt als friedlicher Segen für Dein irdisches Heim.
Die Kraft sich bildet und dem glänzenden Licht geweiht,
ein intensiver Strom der Liebe Dich hingebungsvoll ereilt.
Er stärkt Dich weiter und öffnet ganz sanft Dein Herz,
um zu tilgen den unnötig verdrängten Schmerz.

Energie des Heiligabends

Alles kommt zusammen, zum Stillstand und zur Ruhe. Es erfolgt ein Weckruf an die Sonne im Außen, aber auch in Dir. Die Geburt des Lichts wird verkündet. Es wird Dir möglich, zu erwachen und Dich nicht länger im Kreis zu drehen. Du verlässt das Karussell des Widerstandes und tauchst in die Stille ein, um Dich dem wahren Leben hinzuwenden. Dein Licht repräsentiert Deine Kraft und Stärke, die aus dem Herzen kommt. So ist die hoffnungsvolle Geburt des Lichts in Wahrheit die Öffnung Deines Herzens. Dies ist ein heiliger und würdiger Moment, um zu feiern, denn durch die Pforte Deines Herzens bricht sich das Licht Deiner göttlichen Seele Bahn.

Einstimmung

Wenn am Abend des 24. Dezember der Weihnachtsstress vorüber ist, beginnt eine magische und zugleich mystische Zeit. Der Schleier zwischen unserer Welt und der Anderswelt lichtet sich und die Tore zur Welt der himmlischen Götter und Naturwesen öffnen sich um Mitternacht. Einige von uns lassen sich die Zukunft vorhersagen und erleben intensive Träume, die sich im kommenden Jahr erfüllen.

Stille

Was macht dieses Wort mit Dir? Macht es Dir Angst? Empfindest Du die Vorstellung der Stille als Bedrohung oder sehnst Du Dich danach und kannst sie annehmen? Was passiert in Deinem tiefsten Innern, wenn alles zur Ruhe kommt, im Außen wie auch in Dir? Welches Gefühl zeigt sich und möchte nach außen getragen werden, wenn es nichts mehr zu tun gibt?

Um die kommenden Tage und damit die Raunächte intensiv für Dich nutzen zu können, geht es heute darum, einfach nur für einen Moment bei Dir anzukommen. Zur Ruhe zu kommen.

Sicher war der Tag lang, die Vorbereitungen auf die Feierlichkeiten mit Stress verbunden, doch jetzt ist alles vorbei. Es liegt bereits hinter Dir.

- Was nimmst Du wahr? Bist Du froh, dass Du den Tag geschafft hast? Freust Du Dich vielleicht auf ein paar freie Tage, die noch vor Dir liegen?
- Wie fühlt sich Dein Herz jetzt an? Ist es offen, weit und empfänglich oder fühlt sich Dein Herzbereich eng und verschlossen an?

Schreibe die Antworten in Dein Raunachttagebuch und gönne Dir noch ein paar Minuten für Dich. Wir begleiten Dich mit unserer Meditation in den Feierabend und unterstützen Dich dabei, all die Anspannungen, die sich in Dir angesammelt haben, zu lösen, damit Du auch morgen wieder die Zeit mit Deiner Familie ganz bewusst genießen kannst.

Meditation

- Erfreue Dich an der Möglichkeit, Zeit für Dich zu haben. Es geht jetzt nicht um das Machen und Tun, sondern um das Geschehenlassen. All das, was Du dazu benötigst, bist Du selbst. Schließe Deine Augen und richte Deine Aufmerksamkeit nach innen. Atme einige Male tief ein und aus. Lasse all Deine Gedanken einfach ziehen. Atme weiter und bleibe bei diesem Fokus. Wenn Du Dich dennoch dabei erwischst, wie Du einigen Gedanken nachhängst, dann richte Dein Bewusstsein ganz einfach wieder auf Deine Atmung. Tue das so lange, bis es Dir leichtfällt, bei Deiner Atmung zu verweilen.
- Fühle, wie sich die Spannungen in Deinem Körper lösen. Du gleitest noch mehr nach innen, indem Du weicher wirst. Jetzt nimm den Funken in Dir wahr und spüre, wie er sich zu einer Kugel aus Licht formt. Schenke ihr weiter Deine Aufmerksamkeit und fühle, wie sie Dich mehr und mehr berührt, sich ausdehnt, Dich durchdringt und einhüllt. Genieße all das heilsame Licht in Dir.
- Das Licht der Liebe badet Dich. Du musst nichts weiter tun, als Dich vollkommen dieser Energie hinzugeben. Es öffnet Dein Herz noch mehr und das Licht Deiner Seele intensiviert das bereits vorhandene. Die Verstärkung geschieht in solch einem Maße, dass Du das Licht in jeder Zelle Deines Körpers verspürst. Deine Energie erhöht sich stetig, denn Deine Seele brennt darauf, in Dein Leben zu treten.

- Fühle, wie sich das Licht erhebt und zu einer einzigen Flamme wird. Dieses Feuer verbrennt den Schmerz der Vergangenheit, den Du als Erinnerung gespeichert hast, um ihn nie wieder zu erleben. Dieser kraftzehrende Kummer wird einfach von den Flammen des Lichts verschlungen. Dein Raum des Lichts wird dadurch noch mehr erweitert und Deine eigene Energie verstärkt sich.
- Genieße die Erhöhung Deines Lichts der Liebe in Dir. Lass Dich von Deiner Seele noch tiefer berühren und vernimm den Segen, der gerade über Dich ausgeschüttet wird. All dies dient Deinem Leben. Nimm eine Haltung des Empfangens ein und sei ganz in diesem Gewahrsein.
- Die Kraft in Dir sprudelt regelrecht über und Du bist so ein Quell der Inspiration. Du musst nichts weiter dafür tun, als in diesem Bewusstsein zu verweilen.
- Richte Deine Aufmerksamkeit weiter auf Deine neue Energie und beginne, ganz sanft Deinen Körper zu bewegen. Spüre, wie Du Deine gewonnene Kraft mit in das Hier und Jetzt hinüberträgst. Öffne ganz langsam Deine Augen und fühle, wie auch dieser Schritt nichts von Deiner Energie nimmt. Du bleibst in diesem Energiefluss Deiner Seele.
- Wenn Du so weit bist, dann erhebe Dich von Deinem Stuhl und gehe achtsam ein paar Schritte. Auch dieser Akt verringert nicht Deine Energie.

Feiere Dich, Dein Herz, Deine Liebe und Dein Leben.

Tagesübungen für den Heiligabend

1. Setze oder lege Dich bequem hin und atme bewusst ein und aus. Nimm einfach ein paar tiefe Atemzüge und komme ganz bei Dir an.
2. Lausche der Stille und nimm wahr, welche Botschaften sie Dir zuflüstert.
3. Zünde ein paar Kerzen oder Lichter für Dich und Deine Lieben an.

Affirmationen für den Heiligabend

- Ich feiere das Licht in mir.
- Ich bringe mein Licht zum Strahlen.

Erste Raunacht
Januar

Wir sind bei Dir und öffnen ein Portal
zu Deinem heiligen, göttlichen Inneren fortan.
Dein Herz empfängt und Du beginnst, zu verstehen,
all das Licht und die Widrigkeiten
Deines Lebens zu sehen.
Viele sind kraftvoll und hausgemacht,
doch Du verharrst lieber in Deiner Ohnmacht.
Lass Dein Herz sich weiten und erheben,
Dir damit Deinen ganz eigenen Weg ebnen.
Es singt und lacht,
um Dich wieder zu erwecken, so kannst Du Dich auf dem Lager der
Liebe genussvoll ausstrecken.

Energie der ersten Raunacht

Es geht darum, die eigene Magie in Dir zu entdecken und den Zauber, der Dir innewohnt. Die Anderswelt, zu der wir in diesen Tagen Zugang erhalten, ist nicht nur ein weiterer Raum, den es zu entdecken und zu erkunden gilt. Sie ist auch eine Spiegelung Deines Selbst. Es sind dort Kräfte am Werk, die Du ebenfalls in Dir trägst. Licht wirft Schatten, wenn sich ihm irgendetwas in den Weg stellt, wie etwa Deine Widerstände und Ängste. Sie sind in Dir.

Die Raunächte können Dir helfen, nicht nur Zugang zur Anderswelt zu erhalten, sondern Dich selbst in einem anderen, neuen Licht zu sehen. Öffne Dich für die Wunder in Deinem Leben und lass den Zauber beginnen, sich zu weben und die Magie Deines Herzens zu erheben.

Zur Ruhe kommen

Der Heiligabend ist vorüber und für viele von uns beginnen nun die besinnlichen Feiertage. Heute laden wir Dich dazu ein, Dir bewusst einen Moment Zeit für Dich zu nehmen und einfach nichts zu tun. Vielleicht gelingt es Dir erst, wenn die Familie schlafen gegangen ist. Es spielt keine Rolle, wann dieser Zeitpunkt für Dich gekommen ist, aber bitte nimm Dir ein paar Minuten Zeit, um bei Dir anzukommen. Wenn Du magst, notiere Deine Antworten auf die folgenden Fragen in Dein Raunachttagebuch:

- Wie geht es Dir?
- Welche Gedanken und Gefühle zeigen sich in diesem Moment?
- Atmest Du gerade flach und oberflächlich oder kannst Du das Leben tief einatmen?

Der Atem ist die Grundlage und somit die Basis für unser Sein in diesem Leben. Er verbindet uns sowohl mit unseren familiären Wurzeln als auch mit allem, was ist. Nimm bitte einfach nur wahr, was sich gerade in Dir zeigt, und bewerte Deine Antworten nicht. Alles ist genau so richtig, wie Du es gerade empfindest.

Wenn Du noch ein wenig mehr Zeit mit Dir verbringen möchtest, dann lass Dich auf die folgende Meditation ein oder führe eine oder mehrere der Tagesübungen aus, die wir Dir für heute vorschlagen.

Meditation

Lüfte Dein Zimmer noch einmal ausgiebig durch. Dann mache es Dir bequem und nimm Dir ganz bewusst Zeit für Dich. Dies ist der Anfang der Selbstliebe in ihrer höchsten und reinsten Form.

- Schließe Deine Augen und atme tief ein und aus und bleibe ganz bei Deinem Atem.
- So leicht geht das. Mache Dir ganz einfach Deinen Atem immer wieder bewusst. Lass ihn natürlich fließen und bleibe ganz bei ihm.
- Spüre, wie die Luft Deine Lungen füllt, sodass sich Dein Brustkorb weitet, und, wenn Du ausatmest, wie er sich wieder senkt. Der Atem ist Dein ursprüngliches Elixier, um mit der Außenwelt in Kontakt zu treten und mit Dir selbst.
- Jetzt vertiefe den Atem ein wenig, indem Du eine Hand auf Deinen Bauchnabel legst. Spüre, wie sich in Deinem Rhythmus der Bauch senkt und hebt. So befüllst Du Deine Lungen bis runter zu ihrer Basis. Nutze diesen Raum vollkommen aus. Atme einfach so weiter und bleibe ganz bei ihm.
- Atme.
- Atme.
- Atme.
- Es gibt nichts weiter zu tun, als zu atmen.
- Öffne leicht Deine Lippen und löse die Zunge vom Gaumen. Spüre, wie sich Dein Kiefer lockert und wie die Entspannung beginnt, durch Deinen Körper zu gleiten. Alles wird weicher. Du wirst ebenfalls weicher, indem Du dir Zeit zum bewussten Atmen nimmst. Fühle, wie Dein Atem ruhiger wird, in dem Maße, in dem Du Dich mehr und mehr entspannst.

- Du gleitest immer weiter in einen ganz natürlichen, veränderten Bewusstseinszustand. Dabei bleibst Du trotzdem präsent bei Deiner Atmung im Körper. Lass es einfach geschehen und Dich tiefer sinken, ohne aktiv etwas dafür zu tun. Es ist ein ganz normaler Prozess – wie beim Einschlafen.

- Dennoch bleibst Du wach und präsent und beginnst zu bemerken, wie sich Deine Wahrnehmung leicht verändert. Vielleicht nimmst Du den einen oder anderen Körperteil nicht mehr so intensiv wahr. Lass es einfach geschehen und spüre, wie Du Dich immer mehr atmen lässt.

- Du kommst beim Loslassen und Entspannen ganz natürlich zu Deinem ganz ureigenen Rhythmus und lässt Dich jetzt führen von ihm. Du zwingst Dir nicht länger den Rhythmus von außen auf. Lass es geschehen und atme.

- Atme.

- Atme.

- Atme.

- Nun beginnst Du wieder, Deinen Atem zu vertiefen. Du spürst Deinen Körper vollkommen wieder und bist ganz wach in ihm. Nimm Dir dazu ausreichend Zeit und übereile nichts.

- Strecke und recke Dich und öffne ganz sanft Deine Augen. Orientiere Dich wieder im Raum.

Tagesübungen für die erste Raunacht

1. Nimm über den Tag verteilt immer wieder bewusst ein paar tiefe Atemzüge. Atme frische Energie ein und lasse mit jeder Ausatmung die inneren Anspannungen weiter los.
2. Wenn Du Dir Deinen Altar noch nicht erschaffen hast, dann ist heute ein guter Tag dafür.
3. Schreibe Dir 13 Wünsche für das kommende Jahr auf gleich große Zettel und falte sie. Fahre dann mit dem 13-Wünsche-Ritual fort, wie im zweiten Teil des Buches beschrieben.
4. Wenn es Dir noch schwerfällt, Deine Gedanken zur Ruhe zu bringen, empfehlen wir Dir, die 4-7-8-Atemtechnik anzuwenden.
5. Nimm Dir ein paar Minuten bewusst Zeit für Dich, denn es geht heute darum, dass Du bei Dir ankommst und die Gedankenflut zum Stoppen bringst. Vielleicht weißt Du aus der Vergangenheit, was Dir guttut, um Deinen Geist abzuschalten. Ein heißes Bad? Ein gutes Buch? Eine Entspannungsübung?

Affirmationen für den Januar

- Ich atme und ich werde geatmet – ich atme tiefer und genieße den Fluss des Lebens in mir.
- Ich komme ganz bei mir an und lasse mit jeder Ausatmung weiter los.

Zweite Raunacht
Februar

Die Gedankenkraft ist Deine Meisterschaft,
doch oft kannst Du sie nicht lassen gehen,
dadurch uns und Deine innere Stimme nicht vernehmen.
Diese Kraft soll Dir dienen und nicht eine Last sein,
drum lass Dein liebevolles Herz
sich mit dem Verstand verein'.
So wird alles von zwei starken Beinen getragen,
entlässt Wankelmütigkeit, Du kannst es ruhig wagen.
Aus dem Herzen
kannst Du wieder Vertrauen geloben,
das Licht neu entzünden und Dein Selbst wird in dieses gehoben.

Energie der zweiten Raunacht

Jeden Tag schöpfst Du aus dem Vollen, doch Du strengst Dich dabei so sehr an. So hast Du vergessen, welche Schöpferkraft Dir wirklich innewohnt. Du bist der Meister Deiner eigenen Geschicke. Höre Dir selber zu. Was rumort ständig in Dir herum? Welche Träume und Wünsche hegst Du und welche kummer- und angstvollen Gedanken halten Dich von Deinen Sehnsüchten ab?

All dies geht in Deinem Inneren ständig vor sich. Du knüpfst das Band Deines Lebens mit all diesen Geschichten und Träumereien und dem Nichthören auf den Ruf Deiner Herzensseele.

Um all dies wahrzunehmen, brauchst Du Zeit und Muße. Muße bedeutet, sich einfach treiben und es fließen zu lassen. Nimm dabei immer wieder einen tiefen Atemzug, denn dieser holt Dich in die Gegenwart zurück. Du kannst dadurch bewusster Deinen Gedanken folgen, sodass sie nicht wie Rauch im Wind vergehen. Atme tief! Schreibe vielleicht auch einfach alles auf, was Dir so in den Sinn kommt. Wichtig ist, werde Dir all dessen bewusst, ohne zu urteilen. Denn es ist Dein Leben, über das Du sonst richtest. Gehe mit Dir freundlich und liebevoll um.

Erwache, stehe auf!

Viele von uns kommen im Laufe des Jahres immer wieder an einen Punkt, an dem sie dem Leistungsdruck der Arbeitswelt nicht mehr standhalten wollen oder können. Sie fühlen sich gefangen in einem Hamsterrad, aus dem es scheinbar keinen Ausweg gibt. Der Spagat zwischen Beruf und Familienleben wird gefühlt immer größer und eine Lösung, um beide Bereiche gut zu vereinen, scheint in weiter Ferne. Einige von uns fühlen sich irgendwann innerlich leer und fragen sich, ob das noch der Sinn des Lebens ist.

Kennst Du dieses Gefühl? Diese innere Leere oder das Gefühl, mehr und mehr zu resignieren? Würdest Du am liebsten alles hinschmeißen und neu anfangen? Setze der Gedankenflut, die Dich zunehmend vereinnahmt, ein Ende und beantworte folgende Fragen:

- Was erzählen Dir Deine Gedanken und Gefühle für Geschichten über Dein Leben?
- Was hat sich bereits alles manifestiert?
- Worauf steuerst Du zu, wenn Du weiterhin so denkst und fühlst?
- Was willst Du von all dem noch in Deinem Leben haben?
- Was würdest Du gern in Deinem Leben verändern?

Notiere jede Antwort und jeden noch so kleinen Impuls in Deinem Tagebuch. Deine Aufzeichnungen können sich in den nächsten Wochen und Monaten als sehr wertvoll erweisen.

Erwache! Erwache aus Deinen eigenen Begrenzungen. Stehe auf und lasse Dich von der inneren Stimme führen und berühren. Gib Deiner Seele wieder Raum zum Atmen, zum Verschnaufen und folge ihr Schritt für Schritt. Um noch tiefer in Kontakt mit Dir zu treten, nimm Dir Zeit und führe die folgende Meditation aus. Sie wird Dir helfen, einen neuen Zugang zu Deinem inneren Weisheitszentrum zu erlangen und die Stimme Deines Herzens zu hören. Aus der eigenen Mitte heraus lassen sich im Anschluss neue Wege und Lösungen erkennen. Und nun lasse Dich fallen und genieße einfach, dass Du hier bist.

Meditation

Nimm einen tiefen Atemzug und sei ganz bei Dir. Atme noch tiefer in Deinen Bauch hinein und lasse den Atem durch Deinen Körper strömen und wieder hinaus. Spüre in Ruhe, wo sich Dein Zentrum befindet. Vielleicht ist es Dein Bauch oder aber auch Dein Herz. Vertraue Dir selbst und lass Dich von Deinem eigenen Körperbewusstsein führen. Verweile dort und komme ganz an in Dir selbst.

- Von hier aus kannst Du nun friedvoll vernehmen, was Dich bewegt. Es können Gedanken, aber auch Gefühle sein. Lasse sie stärker werden durch Deinen Atem und Deine Aufmerksamkeit. Öffne leicht Deine Lippen und gib diesen Impulsen dadurch noch mehr Raum.

- Was erzählen Dir Deine Gedanken und Gefühle über Dich? Wie siehst Du die Welt dadurch? Nimm einfach nur wahr und sei voller Dankbarkeit für die Erkenntnisse, die Dir ins Bewusstsein steigen. Sei liebevoll mit Dir, denn wir alle erzählen ähnliche Geschichten.

- Verlagere nun Deine Aufmerksamkeit auf Dein Herz. Spüre, wie es schlägt und immer da ist für Dich. Wie oft möchte es Dir einen Rat geben, doch Du beachtest es nicht oder versuchst, es krampfhaft zu schützen. Nimm auch das liebevoll zur Kenntnis und bewege Dich weiter auf Dein Herz zu.

- Fühle, was geschieht, wenn Du es mit Deiner Aufmerksamkeit berührst. Es öffnet sich für Dich, um Dich wieder in Empfang zu nehmen. Es durchdringt und umhüllt Dich mit all seiner Liebe. Genieße und koste den Augenblick der Stille und des Sichöffnens in Dir voll aus.

- Werde Dir nun Deiner Geschichten und Gefühle bewusst, die Du wie ein Mantra in Dir trägst. Bitte Dein Herz, auch sie in sich aufzunehmen, damit sie ab jetzt in der Liebe stehen und gewandelt werden in lichtvolle Manifestationen. Es sind Energien und Kräfte, die Dir dadurch wieder zur Verfügung stehen, um die Weichen Deines Lebens neu zu stellen. Dein Herz wertet nichts. Du kannst es alles fragen, was Dich in Deinem Leben bewegt. Es wird Dir mit seinem ganz eigenen Rat zur Seite stehen. Es offenbart eine neue Sichtweise auf Dein Leben. Dein Schicksalsband wird sich jetzt neu knüpfen und verweben. Lass all dies in der Liebe Deines Herzens geschehen.

Komme mit den nächsten Atemzügen mit Deinen Gedanken ganz langsam in den Raum zurück. Atme noch ein paar Mal bewusst tief ein und aus und fühle jetzt noch einmal in Deinen Körper hinein. Bewege sanft Deine Zehen und spüre den Boden unter Deinen Füßen. Öffne die Augen und orientiere Dich im Raum und begrüße Dein neues Leben.

Tagesübungen für die zweite Raunacht

1. Nimm über den Tag verteilt immer wieder bewusst ein paar tiefe Atemzüge.
2. Wenn Du innerlich noch Unruhe spürst, mache die Gehmeditation, wie im zweiten Kapitel beschrieben.
3. Werde ganz still. Bitte darum, dass Du Deine innere Stimme deutlicher wahrnehmen kannst und sie Dich anleitet zu einem glücklicheren, erfüllteren und gesünderen Leben. Lausche einfach in Dich hinein, während Du von Stille umgeben bist, und notiere alle Antworten, die sich zeigen.

Affirmationen für den Februar

- Ich bin mir so viel näher, spüre, was in mir vorgeht, und habe Freude daran.
- Ich komme ganz bei mir an und lasse alles, was mir nicht mehr dient, los.

♡ ♡ ♡

Dritte Raunacht
März

Im Kerzenschein Deine Gedanken zur Ruhe kommen.
Das Gestern ward schon längst verronnen,
das Morgen noch nicht seine Kreise zieht,
keiner von uns weiß, was wirklich geschieht.
All unsere Erwartungen werden niedergelegt,
der frei gewordene Raum sich in Dir jetzt bewegt.
Die Stille verführt, dieser scheinbaren Leere zu lauschen,
die Botschaften offenbart,
denn das Herz übersetzt das Rauschen.

Energie der dritten Raunacht

Stille, was ist das? Es ist ein Sich-fallen-Lassen in den leeren Raum. Du aber hast Angst, dieser Leere zu begegnen. Sie könnte so viel Neues und Einzigartiges von Dir zum Vorschein bringen. Du befürchtest, Du könntest beginnen, Dein bisheriges Leben zu bereuen. Doch die Stille will keine Verzweiflung, will kein Unglücklichsein.

Sie entfaltet sich in unterschiedlichen Facetten und dient Dir als Antrieb, damit Du

Dich Deinem Herzen und Deiner Seele treu ergibst. Du entwickelst einen neuartigen Dialog mit Dir selbst und beginnst, alles mit dem Herzen zu verstehen. Du siehst, hörst und handelst danach und bist nicht länger von Deinem Ego ergriffen. Auch dieses nimmst Du voller Liebe an, denn dann ist es Dir wieder ein Untertan und tanzt Dir nicht länger auf der Nase herum.

Bewusst im Herzen sein

Dieser Tag ist der Herzenergie gewidmet. Die Herzebene ist bei vielen Menschen ein besonders verletzter Bereich. Wir haben gelernt, früh zu funktionieren und Gefühle nicht zu fühlen, weil es uns verboten wurde. Wenn ein Kind hinfällt, sagen die Eltern oft: „Steh auf, ein Indianer kennt keinen Schmerz“ oder „Bis Du heiratest, ist alles wieder gut“. Diese Sätze sind oft lieb gemeint, aber ein Kind lernt dadurch, dass es eigentlich keinen Schmerz fühlen darf. Dies bewirkt, dass wir mit der Zeit verlernen, Gefühle zu zeigen. Wir trauen uns nicht mehr, zu sagen, dass es uns nicht gut geht, weil wir von unserem Umfeld dafür bewertet und beurteilt oder sogar verurteilt werden. Vor lauter Scham und aus Angst vor Verletzung unterdrücken wir deshalb unsere wahren Gefühle. Wir haben gelernt, nicht auf unser Herz zu hören und dass unsere Wünsche und Herzensanliegen nicht richtig sind, weil sie vielleicht nicht in das Weltbild unserer Eltern oder unseres Umfelds passten. So hat sich unser Herzbereich immer weiter verschlossen.

Es ist nun Zeit, diesen Schmerz aufzulösen und wieder neu fühlen zu lernen. Gehe in Gedanken Dein Leben zurück:

- Wann hast Du zum ersten Mal einen Herzschmerz erlebt und wann bist Du zum ersten Mal verletzt worden?
- Welche Verletzungen haben sich im Laufe des Lebens in Dir angesammelt? Welche Situationen, welche Menschen haben dazu beigetragen, dass Du Dein Herz verschlossen hast und unbewusst oder bewusst entschieden hast, nicht mehr zu lieben oder einen Menschen nie mehr so nah an Dich heranzulassen?
- Erinnere Dich bitte auch an die Zeiten, in denen Dein Herz weit war: Wann warst Du bei einer Sache ganz mit dem Herzen dabei? Mit welchem Menschen hast Du auf Herzebene so intensiv kommuniziert, so viele schöne Momente erlebt, dass Dir schwindlig war vor Glück?

Erinnere Dich an die Kraft, die Du gefühlt hast, als Du mit Deinem Herzen verbunden warst und der Kopf für einen Moment Pause hatte. Erlaube Dir mithilfe der folgenden Meditation, Dein Herz wieder zu spüren, und sei offen für die Botschaften, die es Dir sendet.

Meditation

- Genieße die Zeit mit Dir selbst. Nimm wieder einige Atemzüge und sei ganz bei Dir. Lächle und spüre, wie sich das Genießen anfühlt. Lächle ein weiteres Mal und verbeuge Dich innerlich vor Dir selbst. Fühle, wie Du noch tiefer in Deinen Körper gleitest und Dich verbindest mit Deiner Existenz hier, in diesem Leben. Der Körper dient Dir, um wirklich alles zu erfahren in der Menschlichkeit. Sie hält so viele Facetten bereit und Du bist schon durch unzählige gegangen. Du musst nichts abschütteln oder ablegen wie alte Kleider. Nimm alles von Dir einfach nur an. Dein Herz dient Dir genau zu diesem Zwecke. Es liebt ausnahmslos alles an Dir und wertet nichts. Yin und Yang sind geborgen in Deinem Herzen und fügen sich zu einem Ganzen.
- Öffne Dich für die Liebe in Dir und folge Deinem Herzen, bis Du vollkommen eingehüllt bist.
- Fühle die Geborgenheit und das Gehalten- und Getragensein. Sinke noch tiefer ein und spüre

die absolute Stille in Dir. Es ist das Nichts, die Leere und dennoch ist darin alles verborgen. All die Potenziale, all Deine Gaben, die Du der Welt schenken wolltest, so, wie Du Dich an die Welt verschenken wolltest. Genieße die Stille und die gefüllte Leere in Dir. Dein Verstand kann es nicht greifen und wenn er versucht, es zu verstehen, dann lass Dich durch die Gedanken sinken, bis Du wieder in der Stille bist. Wenn Gefühle auftauchen, dann lass Dich auch durch sie einfach hindurchsinken, bis Du in der Ruhe bist. Genieße das scheinbare Alleinsein und dennoch das Getragensein in Deiner Herzensmitte. Der Raum ist so unendlich groß und dennoch bist Du fähig, ihn zu fühlen. Spüre Dich groß, weit und frei und höre für einen Moment auf, irgendetwas zu müssen.

- Gleite in die Unendlichkeit und genieße die Stille.
- Die Leere.
- Das Nichts.
- Nichts muss dort erscheinen, auftauchen oder Dich wachrütteln in irgendeiner Form. Du bist diese Stille. Sei Teil und das Ganze zugleich davon.
- Drehe noch ein paar Runden in dieser Fülle und diesem Nichts zugleich.
- Tritt jetzt ganz langsam wieder in Dein Tagesbewusstsein, indem Du tief atmest, Deinen Körper ganz sanft bewegst und Dich schließlich reckst und streckst. Öffne Deine Augen wieder und sei ganz präsent im Raum zurück.

In Dir haben sich einige Punkte verbunden und zu einem Ganzen zusammengefügt. Frage nicht, welche, denn das Leben offenbart es Dir als Geschenk.

Tagesübungen für die dritte Raunacht

1. Atme über den Tag verteilt immer wieder tief ein und aus!
2. Spüre Deinen eigenen Puls. Ist er eher stark und kommt Dir entgegen oder ist er sanft und ruhig? Nimm einfach nur diese Empfindung wahr.
3. Frage Dich: Was erzählt Dir der Puls über Deinen Lebensrhythmus oder darüber, wie Du das Leben siehst? Sei ganz offen und lass Dich überraschen.
4. Welchen Herzschmerz gilt es noch loszulassen oder aufzulösen, damit Dein Herz wieder von Liebe durchflutet werden kann?
5. Wenn Du Deine Herzenswünsche für das neue Jahr noch nicht definiert hast, ist jetzt ein guter Zeitpunkt dafür. Führe dazu entweder die 13-Wünsche-Übung aus Kapitel zwei aus oder liste all Deine tiefsten Wünsche, die Dich zum Strahlen bringen, auf.

Affirmationen für den März

- Voller Dankbarkeit sind mein Herz und ich eins.
- Ich öffne mein Herz für die Liebe und das Leben.
- Ich lebe in Gleichklang mit meinem Herzen.

Vierte Raunacht
April

Hüpfendes Herz vor Freude überfließend,
das Strahlen sich in Dein Leben ergießend.
Du glaubst, es sind nur Momente,
die Dich streifen, doch wir wissen,
die Fülle und der Reichtum sind nah zum Greifen.
Durch Deine Hingabe wirst Du tief berührt,
das Herz wünscht sich, dass Du Dich selbst verführst.
Der Zauber der Gaben in all diese Liebe gebettet,
wenn Dein Licht leuchtet,
musst Du nicht werden gerettet.

Energie der vierten Raunacht

Ein Erwachen im Herzen stärkt Dein Leben, weil Du dadurch liebevoller mit Dir selbst umgehst. Du schöpfst aus einer anderen Quelle, die Dich trägt und hält. Du bist befreit von der Last, es jedem recht machen zu müssen. Du spürst all die Zeit, wie es den anderen geht, doch Dich selbst nimmst Du gar nicht mehr wahr. Du versuchst, Dich durch die Energien der anderen zu spüren. Dies geht aber immer an Deinen eigenen Herzenswünschen, Hoffnungen und Zielen vorbei. Du siehst und fühlst nicht, welche Gaben Du bereits in Dir trägst. Wenn Du Dich an diese aber wieder erinnerst, dann mache sie Dir selber zum Geschenk. Sie sollen in erster Linie Deinem Leben dienen. Sie bringen Dich zum Leuchten. Mit diesem Strahlen berührst Du andere und nicht so sehr mit dem, was Du tust. Erst das Tun in Verbindung mit Deinem Herzen bereichert und inspiriert Dich und Dein Umfeld. Lebe in Liebe und gehe in diesem Sinne voran.

Erwachen der Herzensweisheit

„Liebe Dich selbst wie Deinen Nächsten" – hast Du schon einmal über den wirklichen Inhalt dieses Bibelspruchs nachgedacht? Wie sehr kannst Du für andere da sein und sie wirklich aus tiefstem Herzen lieben, wenn Du Dich selbst verachtest, verurteilst und dauernd in Gedanken kritisierst? Selbstliebe ist ein Ausdruck der höchsten Form von Achtung uns selbst gegenüber.

Viele Menschen opfern sich für andere auf. Dabei fällt der Satz: „Wenn es Dir gut geht,

geht es auch mir gut.“ Aber dahinter verbirgt sich der Wunsch nach Anerkennung innerhalb der Familie, die Bestätigung des eigenen Selbst, aber nicht wirklich der Herzenswunsch, sich dabei selbst zu verlieren. Doch je mehr wir die Bedürfnisse unserer Mitmenschen zu unseren eigenen werden lassen und diese im Hamsterrad der Erfüllung bedienen, umso weiter entfernen wir uns von unserem eigenen Wesen.

Liebe zur Familie, zum Partner oder zur Partnerin und zu den Kindern beginnt immer bei uns selbst. Wir sind es, die zunächst glücklich sein sollten, sonst können wir dieses große und erfüllende Gefühl der Selbstliebe nicht erfahren und weitergeben.

- Wann hast Du Dich selbst zum letzten Mal in den Arm genommen und gesagt, dass Du stolz auf Dich bist und liebenswert, genauso wie Du bist?
- Kennst Du Deine eigenen Bedürfnisse und Herzenswünsche oder hast Du diese im Strudel des Alltags verloren?
- Gehörst Du zu den Menschen, die sehr viel geben, aber die Schwierigkeiten haben, anzunehmen und Liebe in jeder Form des Seins zu empfangen?
- Wann hast Du Dir zum letzten Mal selbst ein Geschenk gemacht?

Wir bitten Dich, nicht ins Drama zu gehen. Nimm einfach nur wahr, welche Gedanken und Gefühle Du bei diesen Fragen spürst, aber bitte bewerte sie nicht. Verurteile Dich nicht selbst, nimm Dich stattdessen in den Arm.

Meditation

- Verbinde Dich mit Deinem Körper. Sei ganz bewusst in ihm. Gleite hinab bis zu Deinen Fußsohlen und spüre den Boden unter ihnen. Mit Deinen Füßen berührst Du die Erde und bist ganz im Hier und Jetzt. Nimm war, wie es sich anfühlt, so bereits vollkommen geerdet zu sein.
- Beginne nun zu visualisieren, wie Wurzeln aus Deinen Füßen sprießen und sich tief in die Erde bohren. Sie finden den Weg von ganz allein. Sie nehmen all die Energie, die von Mutter Erde kommt, in sich auf und wachsen weiter zum Mittelpunkt der Erde, direkt in dessen Herz hinein. Sie nehmen alles in Form von Licht und Energie auf, nutzen es weiter zum Wachstum und leiten den Rest hoch, geradewegs in Dein Herz. Spüre, wie es sich öffnet und ebenfalls seine Energie sendet und sich somit verbindet mit diesem Energiestrom der Liebe von Mutter Erde.
- Lass Dich ganz und gar fallen in diese Geborgenheit in Dir. Sie trägt, hält und umfängt Dich mit all ihrem Licht. Dein Körper ist ein Teil

von ihr. Sie hütet jedes ihrer Kinder, umsorgt sie und hofft, dass sie ihre Liebe auch wirklich in Empfang nehmen, um sie wiederum an ihre Kinder oder ihre Umgebung weiterzugeben.

Der Strom der Liebe versiegt nie, nur eine Unterbrechung oder ein Schmälern der Energie ist von Deiner Seite möglich. Spüre ganz ehrlich in Dich hinein und sei offen. Wo, wann und wie versuchst Du, diesen Strom zu kappen? In welchen Momenten Deines Lebens, in welchem Bereich fühltest Du Dich größer und schlauer als andere oder aber auch ganz klein und unwürdig? Beides sind Wege, um nicht wirklich ins Leben zu gehen, um Dich rauszunehmen, und ein Versuch, Dein Herz zu schützen und Deine Liebe nicht vollkommen zu verschenken. Doch Du verminderst den Strom der Liebe auch zu Dir selbst. Du sperrst andere aus und Dich ein.

Nimm das alles einfach wahr, ohne Dich dafür zu verurteilen, denn dieses Spiel kennen alle Kinder hier auf Erden. Es geht nur darum, sich dessen bewusst zu sein und endlich damit aufzuhören – um Dich wieder zu öffnen für Dich selbst und Dein Leben. Das nennt man Selbstliebe und sie ist Deine Basis, kümmere Dich darum.

Spüre jetzt Deine Wurzeln und die Verbindung zu Mutter Erde und zu ihrem Herzen. Nimm wahr, wie sich Dein Herz wiegt in ihrer Liebe, wie Du getragen und geliebt wirst, wenn Du Dich vollkommen öffnest und durch Deine Wurzeln hinausgehst und Dich dadurch verbindest mit dem Leben.

- Nimm nun ein Geschenk, das Mutter Erde Dir sendet, in Empfang.
- Es ist ein ganz besonderes Geschenk, das Dir überreicht wird in Form eines Bildes, eines Gefühls oder aber auch in Form eines Wortes. Wenn Du dessen Bedeutung nicht kennst, dann frage Mutter Erde danach. Sie wird Dir die Antwort geben.
- Frage jetzt auch: „Was soll ich damit ganz konkret machen in meinem Leben?"
- Setze heute wenigstens einen kleinen Schritt davon um, um zu bezeugen, dass Du jetzt ganz bei Dir und in Deinem Leben bist.
- Komme nun mit allem ganz langsam wieder in Deinen Raum zurück und öffne Deine Augen. Fühle, wie Du all das Gute in Dein Tagesbewusstsein mitgenommen hast. Spüre Deinen Körper, wie Du ihn immer mehr mit Deiner Selbstliebe stärkst und damit auch Dein Leben.

Tagesübungen für die vierte Raunacht

1. Atme über den Tag bewusst ein und gib mit jeder Ausatmung ein wenig mehr Anspannung ab.
2. Heute ist ein guter Tag, um alle Belastungen und Erwartungshaltungen anderer, Deinen eigenen Anspruch und Dein Streben nach Perfektion sowie Deine Sorgen und Ängste, Deine Trauer und Wut

abzulegen. Schreibe auf, was Du alles loslassen möchtest, und führe das Verbrennungsritual aus.

3. Mache Dir selbst ein Geschenk. Kaufe Dir Deine Lieblingsblume oder ein gutes Buch, gönne Dir eine Massage oder buche einen Kurztrip nur für Dich. Auch wenn sich das noch ungewohnt für Dich anfühlt, beschenke Dich selbst und genieße Dein Sein hier auf der Erde mit allem, was in Dir ist.

Affirmationen für den April

- Ich lebe in der Liebe und mein Leben ist Liebe.
- Ich lasse mich von meinem Herzen und seiner Weisheit berühren.
- Ich erkenne das Licht in mir selbst und bringe es zum Leuchten.
- Ich liebe mich selbst und nehme mich so an, wie ich bin.

Fünfte Raunacht
Mai

Mit so viel Ernst
im Spiel des Lebens bewegst Du Dich,
wo sind der Schalk
und die Freude in Deinem Gesicht?
Die Leichtigkeit, wie Blätter im Wind,
trägst auch Du in Dir, sei wie ein Kind.
Das pure Ausgelassensein beginnt im Herzen,
Wunder geschehen, wenn Du offen bist fürs Scherzen.
Die Magie der Liebe üppig in Dir erwacht,
diese Spiegelung sich erhebt
und sichtbar wird voller Macht.

Energie der fünften Raunacht

Du bist in das große Ganze eingebunden und darin selbst ganz klein – wie ein einzelnes Blütenblatt, das dazu beiträgt, den Baum des Lebens in seiner Einheit prachtvoller zu gestalten. Das beeindruckende Gesamtbild offenbart sich erst, wenn alle einzelnen Teile wie bei einem Puzzle an ihrem Platz sind.

Was ist Deine Rolle in dem Ahnenspiel? Verneigst Du Dich vor denen, die vor Dir da waren, oder hegst Du Abscheu und Groll? Was bewegt Dich so sehr, dass Du nicht loslassen kannst? Wo und wann möchtest Du nicht wahrhaben, dass Du das Gleiche auch in Dir trägst?

Gehe in die Liebe und lass Dich regelrecht mitreißen von ihr, um aus einer höheren Perspektive zu sehen. Es fügt sich zu einem Gemälde der Hoffnung, wo alles zur richtigen Zeit am richtigen Ort weilt. Trage Mitgefühl in Deinem Herzen und nicht die Angst und Bitternis. Sei voller Vergebung für Dich selbst und alle anderen.

Zu Deinen Wurzeln finden

Die fünfte Raunacht steht für unsere Herkunft, unsere Wurzeln. Grundlage unseres Seins ist die Familie, denn ohne unsere Eltern wären wir nicht auf dieser Erde. Manche Menschen jedoch sind nicht im Frieden mit ihren Familienangehörigen. Sie klagen über die fehlende Liebe zu Kindertagen, haben Gewalt und Missbrauch innerhalb der

Familie erfahren und tragen heute noch Schuldgefühle, Scham, Trauer und Wut mit sich herum, die sich tief in ihren Zellen manifestiert haben und möglicherweise auch schon Symptome ausgelöst oder verstärkt haben.

Woher kommen wir? Diese Frage hast Du Dir vielleicht in der Vergangenheit schon einmal gestellt. Wir sind nicht zufällig hier. Es gibt einen Plan und unsere leiblichen Eltern sind ein Teil von ihm. Wir suchen uns genau die richtigen Eltern aus, damit sich unsere Seele entwickeln kann und wir Erfahrungen machen, die wichtig sind für uns. Diese müssen nicht immer gut sein und es gibt leider oft auch leidvolle. Die Frage ist nur: Wie gehen wir damit um?

Vielleicht hast Du als Kind nicht die Liebe erfahren, die Du Dir gewünscht hast. Vielleicht haben Deine Eltern einmal zu Dir gesagt, dass es besser gewesen wäre, wenn Du nicht geboren wärst. Vielleicht musstest Du als Kind schnell Verantwortung übernehmen, weil ein Elternteil früh verstorben ist und die Rollenverhältnisse durcheinandergeraten sind. Unzählige Erlebnisse können Wut und Trauer in Dir ausgelöst haben.

Es geht nun nicht darum, all Deine Erfahrungen und das Dir zugefügte Leid gutzuheißen. Du musst nicht jedem aus Deiner Herkunftsfamilie anstandslos verzeihen und so tun, als wäre alles vergeben. Doch überlege bitte: Ohne Deine Eltern wärst Du nicht auf dieser Erde. Möglicherweise schreist Du nun auf: „Na und? Dann wäre ich halt nicht hier. Dann hätte ich mir viel Leid erspart." Ist das wirklich Deine Kernüberzeugung? Wenn dem so ist, hast Du noch kein Ja zu diesem Leben, zu Deinem Leben gegeben. Dann ist vermutlich alles, was Du anpackst, von Schwere geprägt.

Egal wie leidvoll Deine Kindheit war oder wie viel Freude Du empfunden hast und leben durftest, die heutige Meditation lädt Dich ein, Frieden zu schließen mit der Vergangenheit und den Eigenarten Deiner Familie und Deinen Familienverhältnissen. Doch vorher schreibe bitte alles auf, was Dir zu den folgenden Fragen einfällt:

- Welche Aspekte oder Vorwürfe an Deine Familienangehörigen benötigen noch Heilung?
- Womit bist Du noch nicht im Frieden, wenn Du an Deine Mutter und an Deinen Vater denkst?

- Was genau braucht es für Dich, damit in Dir Heilung stattfinden darf und damit belastende Emotionen gehen dürfen?

Es geht nur darum, dass Du wahrnimmst, welche Gefühle und Gedanken noch eine Aussöhnung brauchen. Gehe an dieser Stelle bitte nicht ins Drama. Es geht um Deine Kraft. Es geht darum, dass wir anerkennen, was ist, damit wir in der Lage sind, die Kraft der Ahnen in unser Herzzentrum aufzunehmen, damit wir der Mensch sein können, der wir sind, der wir schon immer waren und immer sein werden.

Meditation

- Atme tief und lass Dich weiter atmen wie jeden Tag Deines bisherigen Daseins. Spüre, wie der Atem der Quelle des Lebens jetzt für Dich da ist. Er verbindet Dich mit Deiner Umgebung, aber auch mit der ganzen Welt.
- Spüre Deine Füße am Boden und lasse die Wurzeln aus ihnen gleiten und sich zu einem starken Geflecht bis zum Herzen von Mutter Erde verdichten. Fühle, wie sich alles mit Deinem Atem verbindet. Du bist eins mit Mutter Erde. Genieße den Augenblick dieser Verbindung und das Eingebettetsein.

- Öffne Dein Herz und schicke Mutter Erde ein Lächeln voller Achtung und Liebe. Der Energiestrom der Liebe verbindet, hält und trägt Euch im Gleichklang. Genieße diese Hinwendung.

- Mutter Erde trägt das Feld der Ahnen und hält das Wissen aller Leben aufrecht. Es ist wie ein großes Gewissen, das nach Ausgleich, Heilung und Liebe strebt. Öffne Dein Herz noch mehr. Mutter Erde unterstützt Dich dabei mit ihrer Liebe. Spüre all die hingebungsvolle Energie, die von ihr ausgeht.

- Lass Dein Herzfeld sich mit dem Feld Deiner Ahnen verbinden. Durftest Du viele von ihnen noch persönlich kennenlernen? Auch wenn Du vielleicht niemanden von ihnen kanntest, so sind sie doch als Energie in Deinem Feld verankert.

- Lade jetzt ganz bewusst Deine Ahnen zu Dir in Dein Herzfeld ein. Nimm wahr und spüre die liebevolle Kraft, die von ihnen ausgeht. Unter ihnen sind Männer und Frauen und Du trägst ebenso eine männliche und eine weibliche Seite in Dir. Sie wird gestärkt von jedem einzelnen Vorfahren.

- Spüre immer wieder die Liebe in Dir, die durch Mutter Erde weiter verstärkt wird. Lasse diese Liebe einfach in Dein Herzfeld einfließen. Es kann so Heilung geschehen, wenn noch irgendetwas der Heilung bedarf. Kümmere Dich nicht weiter darum, sondern fühle die heilende

Liebesenergie. Vielleicht werden Standpunkte gewechselt. Lass es einfach wie auf einer Bühne geschehen. Die höchste Energie ist mit Dir. Sie wandelt alles und lässt nur das Höchste geschehen.

- Wenn Du einen Widerstand fühlst, dann ist er noch in Dir. Bitte um die Gnade der liebevollen Heilung für Dich selbst. Es wird augenblicklich geschehen, denn Du bist im gesamten Ahnenfeld nur ein ganz kleiner Teil und dennoch in Deinem Leben der wichtigste davon.

- Vernimm, wie Du freier wirst und Dein Herz noch viel weiter werden kann mithilfe Deiner kraftvollen Ahnen.

- Welche besonderen Kräfte, Potenziale und positiven Energien erhältst Du von ihnen? Nimm all das in Empfang, verneige Dich voller Dankbarkeit tief vor ihnen. Jeder hat seine ganz eigene Rolle gespielt und den Weg geebnet, damit Du jetzt Dein Leben ausfüllen kannst. Nimm all diesen Segen.

- Verabschiede Dich und wisse, dass Du jederzeit wieder mit ihnen in Kontakt treten kannst.

- Komme nun ganz langsam wieder zurück in den Raum. Atme tiefer dabei, bewege ganz sacht Deinen Körper und öffne die Augen. Fühle noch einmal in Dich hinein und spüre Dein Gesegnetsein.

Tagesübungen für die fünfte Raunacht

1. Atme Liebe und Du bist Liebe!
2. Zünde eine Kerze in Gedenken an Deine Ahnen an. Wenn noch etwas der Aussöhnung bedarf, dann bitte um Heilung.
3. Vergib Deinen Ahnen und Vorfahren und schließe Frieden mit Deiner Vergangenheit. Wenn es Dir hilfreich erscheint, schreibe Deinen Ahnen einen Brief. Berichte darin, was Dich verletzt hat, aber bedanke Dich bitte auch für all das Gute, was Dir widerfahren ist. Verbrenne den Brief im Anschluss.
4. Stelle ein oder sogar mehrere Fotos Deiner Familie und Ahnen auf Deinen Altar und bitte um Heilung und Segen für Dich und für sie.
5. Betrachte heute auch Deine Freundschaften, denn diese sind neben Deiner Familie wichtige Stützen in Deinem Leben. Mit wem hast Du Dich noch auszusprechen? Wer hat Dich verletzt oder bei wem möchtest Du Dich entschuldigen?

Affirmationen für den Mai

- Von meinen Ahnen bekomme ich unaufhörlich Kraft, Liebe und Segen.
- Ich versöhne mich jetzt mit meinen Ahnen und integriere die Kraft meiner Vorfahren in mir.
- Ich bin in Frieden mit mir und meinem Umfeld.

Sechste Raunacht
Juni

Das Wasser bringt Dir den Undinengesang,
Emotionen werden aufgeschäumt bis zum Freigang.
In der Luft sich tanzend die Sylphen bewegen,
Deine Gedankenkraft solltest Du in ihrer Gegenwart pflegen.
Die Zwerge und Gnome hegen großen Respekt für die Erde,
sieh der Natur mit Deinem Herzen
voller Hingabe zu und werde.
Die Salamander das stürmische Feuer bewachen,
in Dir kann Altes verbrennen
und Du kannst erwachen.
Der göttliche Äther durchdringt alles und verbindet,
nutze Deine Herzenskraft, damit Du jetzt Dein Seelenlicht findest.

Energie der sechsten Raunacht

Auf der Erde kannst Du alles finden, vom tiefsten Ton bis zum höchsten Klang. Doch sind Deine Sinne bereits so fein gestimmt, dass Du dies vernehmen kannst? Es geht nicht nur darum, in die Erdenschwere einzugehen, sondern auch darum, sich leicht wie eine Feder zu erheben und beides miteinander zu verbinden. Du jedoch nimmst diese scheinbaren Unterschiede als Trennung wahr und kannst sie (noch) nicht zu einem Ganzen vereinen. Du trennst und wägst ständig ab, ohne den Verlust, den Du immerzu erleidest, wahrzunehmen. Das Gefühl und auch das Bedürfnis, wählen zu wollen, ist sehr groß in Dir. Doch verirrst Du Dich in den scheinbar entgegengesetzten Richtungen, anstatt den goldenen Mittelweg zu gehen. Das bedeutet nicht, Kompromisse einzugehen, sondern alles in seiner Art und Weise sowie Kraft an seinem Platz zu lassen und den Weg Deines Herzens zu gehen.

Das Herz im Zentrum der Elemente

Im Einklang mit den Elementen leben – was verstehst Du darunter? Nimmst Du die Elemente Wasser, Luft, Erde, Feuer und Äther getrennt voneinander wahr oder siehst Du das ganze Bild und damit die Verbindung aller Elemente? Sie können im Einzelnen bestehen und sind dennoch so stark miteinander verbunden, dass sie sich gegenseitig im höchsten Maße beeinflussen. Die Elemente halten zusammen, sie nähren einander, unterstützen und dienen sich gegenseitig. Niemals steht eines für sich allein, auch wenn unser Geist und unser Verstand gern alles getrennt voneinander betrachten mögen. Die Elemente sind immer gleichwertig und sie prüfen nichts. Sie wissen bereits, was wir brauchen.

Wir sind es aber, die abwägen, nach richtig und falsch beurteilen, nach gut oder schlecht trennen. Wir sehen unser Umfeld meist mit den Augen des Verstandes und nicht mit den Augen der Liebe und damit nicht mit dem Herzen. So einfach scheinen die Dinge manchmal zu sein, dass wir andere Menschen nach ihrem Äußeren beurteilen, nach ihrem Erfolg oder vermeintlichem Misserfolg, weil wir bewerten und für uns lange vorher definiert haben, was Erfolg oder Misserfolg ist.

Wenn wir aber mit dem Herzen sehen, hören wir zwangsläufig auf, zu bewerten und Menschen in Schubladen zu stecken, wir erkennen ihr höchstes Potenzial an, weil wir die Einzigartigkeit in jedem Menschen erkennen und doch auch in der Lage sind, zu sehen, welchen Platz er im großen Ganzen einnimmt.

Die Elemente sind da, um für uns erfahrbar zu sein. Wer Wasser liebt, wird sich oft in der Nähe des Ozeans aufhalten. Wer mit der Natur eins ist und mit ihr im Einklang lebt, wird die Erde zu seinem wahrhaftigen Freund machen und Mutter Erde dienen und beschützen. Menschen, die Feuer lieben, werden immer wieder die heiße Glut aufsuchen und über den Feuerteppich laufen oder sich an einer Feuerstelle versammeln. Jeder nutzt die Kraft der einzelnen Elemente für sich, so gut er kann.

Doch zu oft verbinden wir uns mit dem Element, dem wir am nächsten stehen. Wir grenzen die anderen aus, als gehörten sie nicht dazu. Wir trennen sie förmlich von den anderen ab, weil sie Unbehagen in uns auslösen und vielleicht sogar angsteinflößend sind. Sie sind aber niemals getrennt. Das Feuer braucht die Erde, das Holz, um überhaupt brennen zu können und Hitze zu erzeugen. Es braucht die Luft, um atmen zu können, und den Regen, das Wasser, um sich wieder zu regulieren, ins Gleichgewicht zu bringen, eingedämmt oder gar gelöscht zu werden. Wie können wir von einzelnen Elementen sprechen?

Beschäftige Dich einen Moment lang mit den einzelnen Elementen.

- Welchem Element gilt Deine größte Zuwendung? Mit welchem Element fühlst Du Dich stark verbunden, sodass Du im Kontakt mit ihm neue Kraft tanken kannst?
- Wann hast Du Dich zum letzten Mal mit Deinem Lieblingselement verbunden gefühlt? Wann hast Du es zum letzten Mal aufgesucht?
- Gegenüber welchem Element pflegst Du eine eher ablehnende Haltung? Notiere bitte alles, was Dir zu diesem Element einfällt. Bewerte nichts, nimm nur wahr.

Um mit allen Elementen mehr in Kontakt zu kommen und damit letzten Endes selbst im Einklang mit all den Kräften zu sein, die die Elemente mitbringen, führe die folgende Meditation in dieser Raunacht sowie wiederholt im Juni aus.

Meditation

Nimm einen tiefen Atemzug und dann noch einen tieferen. Erfreue Dich daran, wie tief Du bereits entspannen kannst und wie gleichmäßig Dein Atmen fließt. Das bedeutet, dass Du Widerstände und Spannungen gegenüber

Deinem Leben aufgegeben hast und Dich in diesem Moment federleicht fühlen kannst. So können alle Elemente in Dir harmonisch und entspannt fließen.

- Lass Deinen Atem weiter ein- und ausströmen und spüre, wie Du Dich noch mehr mit Dir selbst und auch mit Deinem Körper verbindest. Sei ganz präsent in Deinem Tempel und fühle, wie Du ihn noch nie wahrgenommen hast, mit all Deinen Sinnen.
- Er beherbergt Deine Seele und gibt ihr ein Kleid, um auf der Erde zu wandeln. Die Elemente Feuer, Wasser, Erde und Luft sind mit ihm verbunden und der Äther haucht das Leben schlussendlich ein.
- Öffne Dein Herz und verbinde Dich mit Deinem Körper. Nimm ihn in diesem Raum der Hingabe wahr. Hülle ihn mit all Deiner Liebe ein und mache ihm diese zum Geschenk.
- Spüre, wie sich Deine Sinne erweitern und verfeinern, indem Du ihm Dein liebevolles Lächeln entgegenbringst. Nimm wahr, wie er all diese Liebe wiederum ausstrahlt und zu leuchten beginnt.
- Sieh, wie er im Mittelpunkt auf einer Bühne steht. Sie öffnet sich nach allen Seiten und Wesen werden sichtbar, die die Elemente symbolisieren. Sie stehen alle im Kreis, um Deinem Körper zu huldigen. Sie nehmen nicht nur die festen Strukturen wahr, sondern auch die Gedanken, Emotionen, Dein Herzfeuer und

Dein Seelenlicht, das Du bereits ausstrahlst. Genieße den Anblick Deines eigenen Lichts und Körpers.

Lass das Wesen des Elements Wasser hervortreten und bitte es, sich Dir vorzustellen, damit Du es begrüßen kannst. Danach bitte es, Dir etwas über Dich zu erzählen. Die Botschaft kann sich auf Deinen Körper beziehen, aber auch auf Deine Emotionen. Das Wasserwesen sendet Dir, nachdem Du die Botschaft entgegengenommen hast, Heilung auf allen Ebenen. Genieße voller Dankbarkeit diesen Augenblick der Gnade und des Segens.

Nachdem die Heilung abgeschlossen ist, verneigt sich das Wasserwesen tief vor Dir und verabschiedet sich, indem es in den Kreis der Elemente zurücktritt.

Nun kommt das Wesen des Elements Erde auf Dich zu und ihr könnt Euch gegenseitig begrüßen. Bitte das Erdwesen, Dir ebenfalls etwas über Dich zu erzählen. Sei offen und bereit. Es sendet Dir Heilung, damit Du Deinen Herzensweg kraftvoll und im Einklang mit Dir selbst weitergehen kannst. Nimm diese Heilung an und drücke Deine Dankbarkeit aus.

Verabschiede Dich und sieh, wie es in den Kreis zurücktritt.

Nun kommt Dir das Wesen des Elements Feuer entgegen. Es blitzt Dich freudig an und so könnt Ihr Euch gegenseitig bekannt machen. Bitte es, Dir wiederum etwas über Dich und Deine jetzige

Situation zu erzählen. Danach sendet es Dir ebenfalls voller Hingabe Heilung.

- Es verabschiedet sich von Dir und wird mit dem Kreis wieder eins.
- Als nächstes kommt das Wesen des Elements Luft voller Freude auf Dich zu und begrüßt Dich mit einem Windhauch. Stelle Dich ihm mit Respekt vor. Es ist voller Eifer und erzählt Dir gerne etwas über Dich, um Dir im Anschluss Heilung zu schenken.
- Bedanke Dich für alles und sieh, wie auch dieses Wesen in den Kreis zurücktritt.
- Nun kommt das letzte Wesen der Elemente auf Dich zu, das für den Äther steht. Es begrüßt Dich liebevoll und erzählt Dir etwas über Deine jetzige Lage. Nachdem es Dir etwas Raum gibt, um über die Zusammenhänge nachzudenken, sendet es Dir gnadenvolle Heilung.
- Bedanke Dich für all die Wunder, die geschehen durften, und nimm wahr, wie es sich wieder mit dem Kreis vereinigt. Jetzt sendet zum Abschluss diese kraftvolle Einheit noch einmal Heilung, damit alle Elemente in Dir ausgeglichen vorherrschen.
- Verabschiede Dich und sende ihnen aus Deinem Herzen heraus einen Strahl voller Dankbarkeit. Nimm Dir noch ein wenig Zeit, um all das wirken zu lassen. Danach verblasst die Bühne mehr und mehr.
- Komme durch tiefe Atemzüge ganz in Deinen Körper, aber auch in den Raum, in dem Du Dich

befindest, zurück. Bewege Deine Hände und Füße und öffne sanft Deine Augen. Spüre noch einmal der neuen Energie in Dir nach und genieße die innige Verbindung mit Deinem Körper und den Elementen.

Tagesübungen für die sechste Raunacht

1. Stelle heute einige Symbole auf Deinen Altar, die für die fünf Elemente stehen. Es können Steine, Federn, Rinde, Holz, eine Schale Wasser, Kerzen und vieles mehr sein. Wichtig ist nur, dass es sich für Dich um die richtigen Symbole handelt und sie Dich inspirieren.
2. Verbinde Dich mit einem Element Deiner Wahl, dem Du Dich besonders nah fühlst. Wenn Du zum Beispiel Wasser liebst, suche das Wasser auf. Setze Dich an einen See oder Fluss oder gehe am Meer spazieren.
3. Daneben besteht die Möglichkeit, dass Du Dich mit dem Element verbindest, zu dem Du am wenigsten Zugang hast. Angenommen, Du fürchtest Dich vor dem Feuer, dann wäre heute ein guter Zeitpunkt, den Flammen im Innen wie im Außen zu begegnen.
4. Notiere Dir die Antworten auf folgende Fragen in Deinem Raunachttagebuch – sie können wertvolle Impulse für das kommende Jahr aufzeigen: Mit wem oder womit fühlst Du Dich stark verbunden? Mit wem würdest Du die Verbindung gern wiederherstellen? Was braucht es dazu?
5. Notiere auch Deine Antworten auf diese Fragen: Was lehnst Du an Dir ab (Deinen Körper, Dein Gewicht, Deine Nase)? Wen oder was lehnst Du in Deinem

Umfeld ab? Wen betrachtest und beurteilst Du mit den Augen des Verstandes statt mit den Augen der Liebe?

6. Führe an diesem Tag das Verbrennungsritual durch und beantworte zuvor folgende Fragen: Was sollte jetzt endgültig abgeschlossen werden? Was möchtest Du auf keinen Fall mehr mit ins neue Jahr nehmen? Wozu waren diese Erfahrungen hilfreich? Was konntest Du daraus lernen? Schreibe all das auf und verbrenne den Zettel.

Affirmationen für den Juni

- Die Elemente des Lebens wirken in harmonischer und ausgeglichener Weise in mir und kommen kraftvoll zum Ausdruck.
- Ich bin ein Teil des Universums und mit allem verbunden.

Siebte Raunacht
Juli

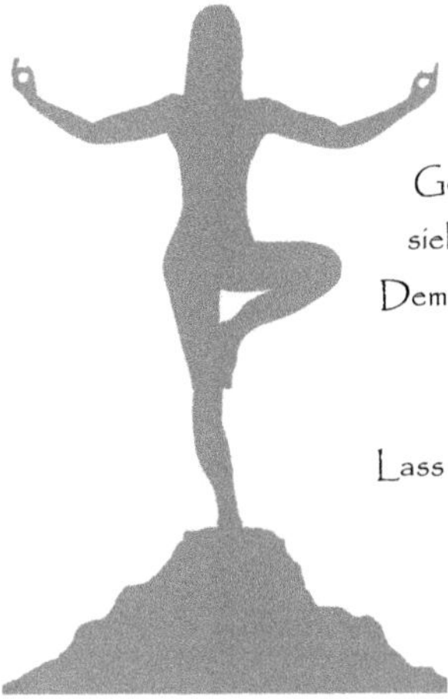

Geh hinaus in die üppige Landschaft und Natur,
sieh genau hin, alles voller sprühender Freude pur.
Dem Leben beim Gedeihen und Wachsen zuzusehen,
so kannst Du Dein eigenes
in seiner Tiefe mehr verstehen.
Lass Deinen Blick in die unfassbare Weite schweifen,
Du öffnest Dich für die Botschaften,
die Dich lassen reifen.
Auch die Zeit des klirrenden Frosts
und der Starre fordert Dich auf,
Licht und Wärme zu erschaffen und geduldig zu verharren.
Die Einkehr und Muße verbinden sich zu einer überwältigenden Kraft,
die immer wieder die Hinwendung zum Leben mit sich gebracht.
Nimm wahr, wie die Lebensfunken auf Dich überspringen,
damit Du endlich beginnst, Dein einzigartiges Lied zu singen.

Energie der siebten Raunacht

Du darfst Dich heute noch ein wenig mehr ausstrecken, dehnen und in Deine ureigene Größe gehen. Von Dir gibt es eine Art Blaupause. Es ist die Information über Deine höchste Ausdrucksform und Du trägst diese schon in Deinem Herzen. All Deine Gaben und Talente wie auch die Höhen und Tiefen Deines Lebens haben Dich zu dem Menschen gemacht, der Du heute bist. Du bist bereits ein wundervolles und zauberhaftes Wesen, das Leben hält aber noch viel mehr Magisches für Dich bereit, wenn Du Dich den himmlischen Kräften öffnest. Sie sind voller Licht und Liebe sowie Gnade und Mitgefühl. Sie fordern Dich immer wieder sanft dazu auf, emporzusteigen und vorwärtszugehen – auch mit Deinen Ängsten. Du trägst so viel mehr Licht in Dir, als Du vermutest. Jeder Augenblick, in dem Dir bewusst wird, wie viel Licht Du wirklich in Dir trägst, ist wie ein Weckruf aus dem Winterschlaf. Nur Deine Befürchtungen und Dein Zögern können Dich davon abhalten, Deine Größe anzuerkennen. Die höheren Mächte sind mit Dir und wollen heute ihre Sicht auf Dich mit Dir teilen.

Das höhere Selbst im Zentrum der Liebe

Wie verbunden bist Du mit Deiner inneren Führung, Deinem höheren Selbst? Hetzt Du durch den Alltag und versuchst nur, die

Erwartungen anderer zu erfüllen, oder lebst Du wirklich das Leben, das Du Dir von Herzen wünschst? Die meisten Menschen spielen ihre Rolle – als fürsorgliche Mutter oder fürsorglicher Vater, als geliebte Tochter oder geliebter Sohn, als Arbeitnehmer oder als Ehefrau – und haben sich mit ihrem Leben arrangiert. Sie gehen ihrem täglichen Trott nach. Dabei streben sie nach der nächsten Gehaltserhöhung, nach Anerkennung im Beruf oder nach Zuneigung im privaten Leben. Für die eigene Entfaltung und Entwicklung nehmen sich die wenigsten Menschen Zeit und Raum. Aber genau damit sind sie sehr unglücklich.

Ihre Träume sind durchaus präsent – ein Café auf Mauritius eröffnen, eine Auszeit nehmen, mit dem Motorrad Sizilien erkunden … Sie zeigen sich. Aber sie werden nicht erhört. Stattdessen werden sie ignoriert und körperliche und psychische Symptome werden in Kauf genommen. Es werden Ausreden und Rechtfertigungen gefunden, wie „Träume sind Schäume“, „Jetzt ist der falsche Zeitpunkt, vielleicht in zehn Jahren“, „Ich muss erst mal …“. Von Angst ist die Rede. Angst, die Sicherheit aufzugeben, Angst, den Job danach zu verlieren …

Verbinde Dich heute bewusst mit Deiner inneren Stimme und lausche Deinem höheren Selbst. Es bringt Dich Deinen Träumen näher und zeigt Dir den Weg Deines Herzens auf.

Nimm Dir wieder Dein Raunachttagebuch zur Hand und schreibe alles auf, was Dir zu den folgenden Fragen einfällt:

- Wovon hast Du schon als Kind geträumt und welcher dieser Träume hat Dich bis heute nicht losgelassen?
- Was würdest Du jetzt tun, wenn Du genug Zeit und Geld dafür hättest?
- Wer oder was hält Dich am meisten davon ab, Dir Deinen Traum, Deinen Herzenswunsch zu erfüllen? Sind es die Menschen in Deinem Umfeld, die Dich für verrückt erklären könnten? Oder bist Du es selbst, der es sich nicht erlaubt, einmal im Leben verrückt zu sein, und es sich nicht wert ist, seine Träume zu leben?

Meditation

Nimm ein paar tiefe Atemzüge und komme ganz bei Dir an. Fühle, wie Du vollkommen in Deinem Körper zu Hause bist. Spüre, wie Du mit Deinem Bewusstsein Deinen ganzen Körper von Kopf bis Fuß ausfüllst. Nimm Dich von innen und die Wurzeln unter Deinen Füßen wahr und sei ganz selbstverständlich ein Teil von ihnen. Mutter Erde versorgt Dich mit Zuwendung und Liebe. Fühle, wie die Energie und Kraft aufsteigt und Dich direkt zu Deinem Herzen führt, in das wahre Zentrum Deiner inneren Führung.

- Der Energiefluss ist keine Einbahnstraße. Schicke ebenfalls Mutter Erde aus Deinem Herzen, über Deine Wurzeln ein Lächeln. Auch Du kannst ihr Aufmerksamkeit und Liebe schenken. Nun bist Du schon mit Deinem ganzen Herzen dabei. Nimm wahr, wie sich auch Deine Liebe zu Dir selbst immer mehr ausdehnt.

- Frage Dich, was Dich jetzt innerlich bewegt. Welche Frage hättest Du an Deine innere Führung?

- Dein höheres Selbst ist ein Ausdruck Deiner spirituellen Kraft. Diese Botschaften kannst Du nur mit Deinem Herzen klar hören, sehen und verstehen. Verbinde immer mehr Deine Sinne – das innere Sehen, das Hören, das Fühlen, das Riechen und sogar das Schmecken – mit Deinem Gewahrsein im Herzen.

- Gleite vollkommen in Deine Herzenergie hinein und hülle Deinen Körper liebevoll in diese ein. Du trägst sie jetzt wie einen Mantel der wahren Macht und des Schutzes und strahlst all dies aus.

- Nun kannst Du beginnen, Dein Bewusstsein auf den höheren Aspekt von Dir selbst zu lenken. Er betrachtet Dein Tun und Handeln und das der anderen ausschließlich mit den Augen der

Liebe. Deine innere Führung möchte Dir helfen, den Weg Deines Herzens zu gehen. Sie drängt Dich zu nichts, muntert Dich auf und ermutigt Dich, vorwärtszugehen. An dieser Energie kannst Du immer erkennen, ob Dein Weg wirklich aus der Quelle Deines höheren Selbst entspringt.

Nimm Dir jetzt etwas Zeit, die Liebe Deines Herzens auszustrahlen. Aufgrund der Resonanz bist Du ganz selbstverständlich mit Deinem höheren Selbst verbunden. Es ist bei Dir und antwortet auf seine ganz eigene Weise über Deine fein gestimmten Sinne, denn Dein Herz sensibilisiert sie.

Was beschäftigt Dich und zu welchem Thema möchtest Du etwas fragen? Dein höheres Selbst führt Dich liebevoll und sanft und wird Dir auch keine Bitte abschlagen. Sprich einfach aus Deinem Herzen heraus, denn so kannst Du selbst prüfen, ob diese Frage oder Bitte wirklich von Belang ist und Deiner Sehnsucht entspricht. Dadurch kannst Du an noch viel tiefer liegende Themen und Schichten gelangen, die Dir viel intensiver unter den Nägeln brennen. Vertraue Dir, Deinem Herzen und Deiner inneren Führung und lass es einfach geschehen.

Bedanke Dich für all die wunderbaren Eindrücke und Botschaften Deines höheren Selbst. Dein Herz hat all dies in Empfang genommen. Nun bitte noch um einen Hinweis darauf, mit welchem konkreten Schritt Du die Antworten in Dein Leben integrieren kannst.

- Wisse, dass es im Leben darum geht, einfach einen Atemzug nach dem anderen zu nehmen. Du erhältst Antworten nicht nur in der Meditation, sondern auch in Deinem Alltagsgeschehen, um all das auch wirklich zu leben.

- Komme nun ganz langsam in Dein Tagesbewusstsein zurück und öffne Deine Augen. Spüre für einen Moment der Energie in Deinem Inneren nach und fühle, was sich alles bereits verändert hat. Gehe mit diesem strahlenden Gewahrsein durchs Leben.

Tagesübungen für die siebte Raunacht

1. Denke an Deinen Atem – er ist Dein Lebensspender!
2. Stelle ein Symbol für Dein höheres Selbst bzw. für die himmlischen Kräfte auf Deinen Altar.
3. Nimm Dir heute Zeit, um mit Deinem Schutzengel in innigen Kontakt zu treten und ihm ein Symbol Deiner Liebe zu widmen.
4. Bereite Dich auf das neue Jahr vor, indem Du noch einmal das alte Jahr abschließend hinter Dir lässt. Schreibe auf, was Du alles noch loslassen möchtest. Schaffe Platz in Deinem Inneren, indem Du negative Emotionen loslässt und Dich befreist von den Sorgen des Alltags. Verbrenne den Zettel im Anschluss.
5. Wenn Du die Dankbarkeitsübung noch nicht gemacht hast, ist heute ein guter Tag dafür. Fühle im Anschluss den Segen, der Dir zuteilwurde.

6. Feiere mit der Familie oder Freunden in das neue Jahr und verneige Dich vor all den Menschen, denen Du in diesem Jahr begegnen durftest.

Affirmationen für den Juli

- Die himmlischen Mächte sind mit mir und lenken mein Leben.
- Ich bin die höchste Ausdrucksform von mir.
- Ich vertraue mich meiner göttlichen Führung an und lasse Wunder in meinem Leben geschehen.
- Ich vertraue dem Fluss des Lebens und lasse mich führen.

Achte Raunacht
August

Warum hortest und sammelst Du so viele Dinge an?
Es wirkt wie Unkraut
und erstickt Deinen ursprünglichen Lebensdrang.
Wie kannst Du Dich unendlich ausdehnen in all dem Zierrat?
Verübst an Deiner Herzensseele
durch den Mangel an Freiraum Verrat.
Alle Pflanzen brauchen Platz zum Wachsen
und das Sonnenlicht,
Du die Luft zum Atmen und die Leere,
damit die Inspiration zu Dir spricht.
Dein Herz verkündet, was Dir wahrhaftig Freiheit bringt,
folge ihm und das Wunder der Zauberkraft in Dein Leben springt.

Energie der achten Raunacht

Erschaffe einen Raum der Hingabe. Hingabe bedeutet, dass Du Dich voller Vertrauen fallen lassen und so geben kannst, wie Du wirklich bist. Du zweifelst nicht, sondern bist zuversichtlich und fühlst Dich wohl mit Dir und Deiner Umgebung. Es ist ein Raum, in dem Du Dir selbst begegnest, in dem Du authentisch bist. Du bist gerade dabei, Dich zu entdecken, indem Du äußerlich, aber auch innerlich „in Deinen Sachen“ stöberst und dabei auf alles Mögliche stößt. Einige Dinge sind noch vonnöten, weil sie perfekt zu Dir passen und Dich in Deinem Ausdruck unterstützen, andere Sachen, wie veraltete Glaubenssätze, wirfst Du über Bord, weil sie Dein Herz und Deine Seele nicht mehr berühren. Prüfe: Aus welchen Dingen bist Du regelrecht herausgewachsen? Du bist heute nicht mehr der Mensch, der Du vor zehn Jahren warst. Feiere das!

Loslassen und Raum für Neues schaffen

Um positiv und mit Begeisterung in das kommende Jahr zu blicken, gilt es, das alte Jahr abzuschließen. Lösche von der Festplatte Deines inneren Computers alte Verletzungen, verbrauchte Energie und negative Gedanken und Gefühle. So, wie Du Deinen Kleiderschrank von alter Kleidung befreist und regelmäßig ausmistest, so solltest Du auch Deinen Geist von alten Blockaden und emotionalen Narben befreien, damit wieder neue, positive Erlebnisse in Dein Leben gelangen können.

Die innere Ebene der Bereinigung bezieht sich auf alte Konzepte und Muster, auf Dein altes Selbstbild, das Du schon so lange mit Dir herumträgst. Vielleicht fühlst Du Dich ungeliebt, weil Du derzeit ohne Partner bist, oder wertlos, weil Du ohne Job ins neue Jahr gehst. Höre auf, in Selbstmitleid zu zerfließen, und lege Deine alte Identität ab, wenn sie jetzt nicht mehr zu Dir passt.

Was willst Du im neuen Jahr erreichen? Willst Du wirklich in einem Jahr wieder hier sitzen und grübeln, Dir Gedanken machen um die Zukunft, um die Vergangenheit? Dich ärgern und traurig sein, weil Du ein weiteres Jahr nicht zu Potte gekommen bist? Oder bist Du bereit, einen nächsten Schritt Richtung Lebensfreude und Glück zu machen, und gehst mutig in die Zukunft, ohne zu wissen, wohin Dein neuer Weg Dich führt?

Genauso wie auf innerer Ebene empfehlen wir Dir im äußeren Umfeld klar Schiff zu machen. Falls noch nicht geschehen, miste in Deinem Zuhause nun einmal gründlich aus.

Um in die Zukunft gehen zu können, müssen wir in der Gegenwart ankommen – im Hier und Jetzt sein. Um in der Gegenwart zu sein, zu leben, müssen wir Vergangenes hinter uns lassen. Die Vergangenheit kannst Du nicht mehr beeinflussen. Sie ist vorbei. Aber das Hier und Jetzt kannst Du jederzeit beeinflussen. Du entscheidest nämlich darüber, wie Du Dich fühlst: Willst Du gerade traurig oder glücklich sein? Ebenso entscheidest Du darüber, ob Du mit guten oder schlechten Gedanken und Gefühlen ins neue Jahr gehen möchtest.

Notiere nun bitte all Deine Antworten auf die folgenden Fragen:

- Was gilt es jetzt noch für Dich zu bereinigen? Mit wem könntest Du Dich noch aussprechen?
- An welchen alten Ereignissen und Erinnerungen hältst Du noch krampfhaft fest?
- Welche Emotionen (z. B. Wut, Trauer, Zorn, Angst) vergiften Deine Psyche noch?
- Welche unerledigten Dinge schiebst Du schon lange vor Dir her?
- Was möchtest Du jetzt loslassen, was darf endlich gehen? Was möchtest Du wirklich verabschieden?

Alles, was Du jetzt noch erledigen kannst, macht Dich freier und offener im Herzen.

Meditation

- Setze Dich bequem hin und lass in Dir eine Wohligkeit entstehen. Genieße es, ganz in Deinem Körper zu sein mit vollkommener Präsenz und Aufmerksamkeit.

- Fühle, was sich verändert, wenn du Dir selbst ein Lächeln schenkst, und was für Gefühlswellen Du damit auslöst. Sie können am Anfang kaum spürbar sein. Erfreue Dich dennoch an ihrem Erscheinen. Es kann sich wie ein samtenes, inneres Streicheln anfühlen. Woher es kommt? Es kommt von Dir.

- Je mehr sich Dein Herz öffnet, umso mehr spürst Du die Liebe als eine Woge des Glücks. Schenke Dir weiter und immer wieder aufs Neue ein Lächeln und beginne zu verzeihen. Denn es können Widerstände auftauchen, weil Dein Lächeln und Deine Liebe in Dir ein Strahlen, ein Licht hervorbringen, das auch die dunklen Seiten, Deine selbst gewählten Schatten berührt. Sie wollen in liebevollster Weise in den Arm genommen werden, denn es sind Glaubenssätze, Meinungen über Dich selbst und andere, die eigentlich nicht wirklich zu Dir gehören. Doch Du trägst sie als Identifizierung Deines Selbst.

- Schenke Dir noch einmal ein Lächeln und lass Dich von diesem zutiefst berühren. Bade in Deiner eigenen Energie der Zuwendung und Liebe. Egal, was Dir als Bild, Gefühl oder Wort erscheint, schenke ihm ein Lächeln und Deine

Liebe und bitte Dich selbst um Vergebung für zu harte Urteile.

- Spüre, wie Du bei jeder ehrlichen Begegnung mit Deinen Schatten mithilfe Deines Mitgefühls weicher und weiter wirst und wie die Liebe zu Dir selbst das wohlige Gefühl tiefer und intensiver werden lässt.

- Bitte diesen Prozess der Schattenhebung, sich zu beruhigen und zu enden. Erfreue Dich einfach an Deiner großartigen Liebe und Dankbarkeit für Dein wahres Selbst, das immer mehr zutage tritt und sich noch inniger mit Dir verbindet.

- Genieße die Gegenwart Deines höheren Selbst und das tiefe Wissen. All das öffnet und weitet Dein Herz für noch mehr Liebe. Mauern, die Du Dir als gut gemeinten Schutz um Dein Herz gelegt hast, kannst Du jetzt erkennen. Sie beginnen bereits zu bröckeln.

- Du musst nichts weiter tun, als mit Deinem Bewusstsein vollkommen bei Dir, Deinem Herzen und Deinem höheren Selbst zu verweilen. Die gebündelte Energie von all Deinen Aspekten bringt die Mauern buchstäblich zum Erbeben und zum Einsturz.

- Spüre die Befreiung und die großartige Weite, in die sich Dein Herz regelrecht atmet. Nun kann sich Dein höheres Selbst dank der Öffnung noch mehr mit Dir verbinden und Dich auf das Universum und seine Fülle vorbereiten.

Atme tief und unterstütze Dein Herz und Deinen Körper, um all dem Raum zu geben, und erfreue Dich an den Schätzen, die sich jetzt offenbaren. Nimm das ein oder andere Präsent in Dir wahr und bitte um dessen klare Bedeutung für Dich und Dein Leben. Indem Du es annimmst, erschließt Du noch mehr Raum in Dir.

Du bist dieses Wesen voller Licht, Liebe, Weite und tiefem Wissen. Bade in Deiner eigenen Fülle an Energie und öffne behutsam Deine Augen. Nimm all das mit in Deinen wundervollen Tag oder Abend. Vernimm Dein Strahlen und gehe mit diesem Segen.

Tagesübungen für die achte Raunacht

1. Der Atem ist der Fluss des Lebens in Dir. Atme.
2. Lasse heute fünf bis zehn Dinge gehen und entsorge sie direkt und ohne Umwege.
3. Frage Dich: Welche Glaubenssätze trage ich in mir, die mich daran hindern, mich frei und glücklich zu fühlen? (Z. B. könnte ein Glaubenssatz lauten: Solange es meiner Familie nicht gut geht, darf es mir auch nicht gut gehen.)
4. Frage Dich: Warum bin ich so frei und glücklich? Die Antwort darauf öffnet den positiven Blick auf Deine Potenziale und das, was bereits in Dir vorhanden ist.

(Z. B.: Ich bin so glücklich, weil ich mit mir im Frieden bin oder weil ich in der Liebe bin oder weil ich in der Freude bin ...) Freue Dich über die Antworten, denn Du hast so viel mehr und Gutes in Dir.

Affirmationen für den August

- Ich bin von Licht, Liebe und tiefem Wissen erfüllt.
- Ich bin ich.
- Ich lasse los und bin frei.

Neunte Raunacht
September

Dein Herz berührt all den lichtvollen Glanz,
innerlich beginnt Dein heiliger Seelentanz.
Er offenbart Dir, wer Du wahrhaftig bist.
Für dies gibt es kein Ablaufdatum oder gar eine Frist.
Dein Herz jubelt mit Deiner Seele im Einklang,
Du strahlst wie die Sonne vom höchsten Rang.
Du musst nichts tun, um irgendjemand etwas zu beweisen.
Folge einfach nur Deinem Herzen und dessen Hinweisen.
Dein Weg eröffnet sich, während Du ihn gehst.
Du brauchst nichts zu wissen, außer,
wie es um Dein Herz steht.

Energie der neunten Raunacht

Dein Herz lädt Dich ein, noch mehr im Einklang mit ihm zu leben. Dadurch berührst Du ganz automatisch Deine Seele. Und Dein Leben wird zu einem magischen Feld. Denn alles, was Du aussendest, ziehst Du einfach an. Du spürst immer mehr, was in Dir vorgeht, und so bist Du in der Lage, den Kurs beizubehalten oder einfach zu ändern. Das bedeutet nicht, dass Du nicht mehr traurig, unglücklich oder verletzt sein darfst. Dies sind alles ganz menschliche Züge, die zu uns gehören. Doch Du wirst sie nicht mehr festhalten und wie ein Dauerschutzschild um Dich tragen und das Leben davon abhalten, Dir auch die sonnige Seite wieder zu offenbaren. So bist Du im Einklang mit Dir selbst, aber auch mit dem Leben. Das Universum hält so viele Überraschungen und Wunder für Dich bereit. Das Leben verschenkt sich ganz und hält nichts zurück. Mache es ebenso und tue alles aus vollem Herzen.

Erbitten von Segen und Wunder

Mache bitte eine Bestandsaufnahme Deines Lebens. Lebst Du genau das Leben, von dem Du schon immer geträumt hast? Bist Du mit Dir im Einklang und zufrieden mit all dem, was in Deinem Leben ist? Oder haderst Du noch mit einem oder mehreren Bereichen, weil sie sich schwer anfühlen und mit großen Anstrengungen verbunden sind?

Das Universum und die geistige Welt sind einfallsreich, wenn es darum geht, uns zu unterstützen. Nur sind wir es, die es oft nicht zulassen, dass Segen und Wunder in unserem Leben geschehen. Wir meinen, mit unserem Verstand alles erfassen zu können, und glauben oft zu wissen, was uns guttut und was nicht. Doch nahezu niemand erfasst das gesamte Bild, das sich hinter einzelnen Herausforderungen auftut und zu einem wahren Geschenk werden kann, wenn wir es zulassen und annehmen. Wir hadern zu gern mit unserem Leben, wir jammern zu gern über das, was uns im Leben fehlt, und befinden uns damit ständig im Gefühl des Mangels.

Willst Du so weitermachen oder bist Du jetzt bereit, von nun an darauf zu vertrauen, dass alles genauso richtig ist, wie es derzeit ist? Richtig, weil Du zu einem bestimmten Zeitpunkt in Deinem Leben entschieden hast, dass es genauso sein soll.

Vielleicht bist Du gerade Single und leidest darunter, niemanden an Deiner Seite zu haben, mit dem Du durch dick und dünn gehen kannst. Vielleicht fühlst Du Dich deshalb an manchen Tagen sehr einsam und suchst händeringend nach dem perfekten Mann oder der richtigen Frau. Diese Suche kann sehr anstrengend sein, wenn Du sie nur mit dem Verstand angehst. Wenn bei der ersten Begegnung schon eine Liste von Ausschlusskriterien durch Deinen Geist rattert, die es Dir unmöglich macht, Dich wahrhaftig auf die andere Person einzustimmen.

Es geht nicht darum, die Suche nach einem Partner oder einer Partnerin einzustellen. Aber manchmal meinen wir zu wissen, was es braucht, damit sich diese oder jene Situation in unserem Leben wieder positiv für uns verändert. Unser Verstand spielt seine Spielchen und gaukelt uns vor, was sich im Umfeld verändern müsste, damit wir wieder glücklich sein können. Um aus diesem Karussell auszusteigen, gilt es zunächst, die Situation anzunehmen, wie sie ist. Ohne diese Akzeptanz der Umstände, die Du selbst geschaffen hast, kann sich im Leben nichts verändern. Erst im Moment der Akzeptanz gibst Du die Erlaubnis, dass sich etwas verändern darf. Und erst dann kann das Universum eingreifen und Dir wahre Unterstützung bieten – wenn Du es zulässt. Vielleicht werden sich die Dinge anders entwickeln, als Du es – im Augenblick – gern hättest. Na und?

- Wäre es so schlimm, wenn Dein Leben noch besser werden würde, als Deine Vorstellung es sich auszumalen vermag?
- Bist Du wirklich bereit, Wunder und Segen in Dein Leben zu lassen und daraufhin neue Wege zu gehen, wohin auch immer sie Dich führen werden?
- Was braucht es noch für Dich, um Wunder und Segen in Deinem Leben zuzulassen?

Meditation

- Genieße Deinen Ort und Augenblick der Ruhe und komme ganz hier an. Schließe Deine Augen und nimm ein paar tiefe Atemzüge und freue Dich, wie weit Dein Atem bereits in den Bauchraum gelangt. Alles ist inzwischen lockerer und freier in Dir.
- Gehe jetzt mit Deinem Bewusstsein in Dein Herz und fühle, wie es Dich willkommen heißt. Es hüllt Dich komplett ein. Spüre, wie Du immer mehr eins wirst mit Deinem Herzen und dieser Energie der Liebe. Jede Zelle Deines Körpers schwingt in ihr. Und so durchflutet Dich ganz selbstverständlich Heilungsenergie. Dein Herz wird gespeist von der Quelle und so bist Du über Dein Herz direkt verbunden mit ihr. Nimm wahr, wie sich Dein Gewahrsein auf das höchste Bewusstsein und dessen Energie

einstimmt. Spüre diese allumfassende Liebe in Dir und empfange.

- Nun bist Du bestens darauf vorbereitet, Deinen Schutzengel zu bitten, näherzutreten. Bitte ihn um ein Zeichen. Es kann eine Berührung, ein Kribbeln in Deinem Körper oder auch ein Name sein, der in Dein Bewusstsein aufsteigt. Ganz egal, wie er sich bemerkbar macht, er tut es auf eine Weise, die für Dich angenehm ist. Er kennt Dich bereits so lange – vom Anbeginn der Zeit. Genieße die Verbindung zu ihm und die Geborgenheit, die er Dir schenkt.

- Wenn Du möchtest, kannst Du ihm jetzt eine Frage stellen, die Dich im Moment bewegt. Lass Dich auch hier wieder überraschen, wie die Antwort zu Dir gelangt. Wenn sie von Deinem Schutzengel kommt, wird sie Dich in Deinem Herzen berühren. Dadurch kannst Du immer wieder unterscheiden, ob es eine Antwort von Deinem Verstand oder der höchsten Quelle in Dir ist. Lass geschehen, was geschehen möchte.

- Bitte nun Deinen Schutzengel, Dir dabei zu helfen, Dein Team aus der geistigen Welt zu Dir zu rufen. Es besteht aus Geistwesen, die Dich in Deiner Entwicklung, aber auch in Deinen Vorlieben unterstützen. Wenn Du zum Beispiel gerne malst, wird es ein Wesen geben, das Dich inspiriert. Diese liebevollen Unterstützer können auch wechseln, je nachdem, welchen Weg Du gehst.

- Sieh mit Genuss, wer jetzt alles zu Dir kommt. Begrüße die Wesen so, wie Du auch Deine Freunde begrüßen würdest. Bitte sie, noch näher zu treten und Dir ein Zeichen zu senden. Du kannst ihnen auch Fragen stellen, wenn Du etwas nicht verstehst. Benutze auch hier Deine fein gestimmten Sinne, sei offen und lass Dich überraschen, was geschieht.

- Lass Eure gemeinsame Zeit ausklingen und verabschiede Dich von ihnen. Dennoch weißt Du, dass Du jederzeit wieder mit ihnen in direkten Kontakt treten kannst. Nimm noch einmal für einen kurzen Moment wahr, was sich alles ereignet hat und welche Botschaften von der geistigen Welt kamen.

- Jetzt spüre, wie sich die geistige Welt zurückzieht. Fühle noch einmal den Kontakt zu Deinem Schutzengel. Er steht direkt hinter Dir und hält Dich liebevoll in seinem Gewahrsein. Verabschiede Dich auch von ihm, wissend, er ist immer bei Dir. Du kannst ihn jederzeit um Rat und um Hilfe bitten.

- Nun verbinde Dich wieder vollkommen über Dein Bewusstsein mit Deinem Körper. Komme in Deinem Rhythmus ins Hier und Jetzt zurück. Bewege Deine Hände und Zehen ein wenig und öffne ganz langsam Deine Augen. Spüre, wie Du von nun an nicht mehr allein bist. Die geistige Welt ist mit Dir und Dein Leben kann sich noch mehr wandeln.

Tagesübungen für die neunte Raunacht

1. Atme immer wieder tief ein und aus!
2. Stelle ein Symbol für Deinen Schutzengel und Dein geistiges Team auf Deinen Altar.
3. Stelle Dir Deine Ahnen und Vorfahren vor, wie sie vor Dir stehen. Verneige Dich vor ihrem Leben, vor ihren Herausforderungen und lasse diese bei ihnen. Verneige Dich vor ihrem Sein. Bedanke Dich von Herzen für Eure gemeinsame Zeit, für Dein Leben und für die Liebe, die Dir zuteilwurde. Verneige Dich vor jedem, der vor Dir da war. Das können auch eine Ex-Frau oder ein Ex-Mann Deines Partners oder Deiner Partnerin sein, Deine Geschwister, die vor Dir zur Welt kamen.
4. Bitte Deinen Schutzengel und die geistige Welt um Unterstützung und Segen für Dein Leben. Lasse jede Vorstellung davon los, wie Segen in Dein Leben kommt, und lasse Dich vom Leben überraschen.

Affirmationen für den September

- Ich stehe in liebevoller Verbindung mit der geistigen Welt.
- Ich bin offen für die Hilfe meines Schutzengels.
- Ich nehme die Geschenke des Lebens dankbar an.
- Ich öffne mich für die Wunder des Lebens und lasse geschehen.

Zehnte Raunacht Oktober

Tritt ein in eine gnadenvolle, berauschende Zeit.
Du bist jetzt für das Unfassbare,
geradezu Unmögliche, bereit.
Denn nur so können wahrhaftig Wunder geschehen,
wenn Du Raum lässt, damit sie wirken und entstehen.
Genieße die Leere,
das Vakuum in Dir, das Du erschaffen hast.
Fülle es nicht gleich wieder mit irgendeiner unnötigen Last.
Richte Dich auf die unendliche
göttliche Quelle voller Liebe aus,
dann füllt sie es mit dem Höchsten und macht ein Festmahl daraus.

Energie der zehnten Raunacht

Jede Ecke, jeder Winkel wird von Euch gefüllt. Es gibt kaum noch ungenutzte Flächen. Nichts darf sich einfach nur entwickeln, mit ungewissem Ausgang. Daran hättet Ihr gar keine Freude. Immer wieder denkt Ihr im Voraus, schmiedet Pläne und kontrolliert alles in Eurem Leben. Wo ist da Raum für irgendeine Entfaltung? Und wenn Ihr doch einmal Zeit habt, dann langweilt

Ihr Euch. Könnt Ihr Euch selber aushalten und die zarte Stimme in Euch vernehmen? Für all dies braucht Ihr Zeit, Raum und Muße. Nur so kann Euch die Muse küssen. Sie ist nicht nur irgendein Gedanke, sondern von höchstem Rang. Sie treibt kein Spiel. Sie möchte Euch inspirieren, damit Eure Herzen höher hüpfen und Ihr zu leuchten beginnen könnt.

Genießt in Euch den leeren, weiten Raum, denn ein Samen kann nur an solch einem Ort gepflanzt und stark wie ein Baum werden.

Deine neue Freiheit genießen

Welche Assoziationen gehen Dir durch den Kopf, wenn Du „Freiheit" hörst? Was bedeutet sie für Dich persönlich? Gibt es Freiheit nur in Deinem Kopf? Ist es der tiefste Wunsch, Dinge einmal anders zu machen als bisher, auszubrechen und neu anzufangen? Oder hast Du gar das Gefühl, frei zu sein, und fühlst Dich doch mit allem verbunden?

Freiheit beginnt tatsächlich in unserem Kopf. Lassen wir sie da, wird sich nicht viel in unserem Leben verändern. Wir werden dann vielleicht öfter nachts im Traum oder in Tagträumen mit unseren Wunschvorstellungen und Visionen konfrontiert, mehr aber auch nicht. Ob wir uns Freiheit erlauben und wirklich leben, hängt von uns selbst ab. Freiheit in unser Leben zu integrieren, bedarf nicht immer radikaler Schritte. Du musst nicht Deinen geliebten Job kündigen, nur weil Dir der Chef nicht zusagt, oder gar die Beziehung beenden, weil Du Streit mit Deinem Partner hast. Freiheit beginnt nicht im Außen, sondern in uns. Und jeden Tag einen Schritt zu tun, um innerlich freier zu werden, kann schon vieles in Deinem Leben positiv verändern.

Mache eine Bestandsaufnahme:

- Wann hast Du Dich zum letzten Mal wirklich frei gefühlt?
- Wann hattest Du als Kind das Gefühl, frei und gelöst zu sein? Was war damals anders als heute?
- Wie frei fühlst Du Dich gerade? Beleuchte alle Bereiche Deines Lebens (Partnerschaft, Arbeitsplatz etc.). Wie frei und gelöst bist Du von Deiner Vergangenheit?

- In welchen Lebensbereichen fühlst Du Dich noch stark eingeschränkt, festgefahren und in alten Mustern und Vorstellungen verstrickt, die Dir Freiheit nicht ermöglichen?

Meditation

- Genieße die Atmosphäre an Deinem Rückzugsort. Spüre die Stimmung, die sich verheißungsvoll ausbreitet. Es ist wie eine Einladung, der Du nun folgst. Schließe Deine Augen und atme ein paar Mal tief ein und aus.
- Lass jetzt Deinen Atem ruhiger werden, indem Du Dich einfach wieder vom Leben atmen lässt. Verlagere dazu Deine Aufmerksamkeit von Deinem Atem zu Deinem Herzen. Lege eine Hand auf dieses und spüre den Raum dahinter. So gelangst Du ganz automatisch in Dein Herzfeld und lässt es weiter werden. Deine Herzenergie dehnt sich mehr und mehr aus, sodass Du vollkommen eingehüllt bist. Feiere diese Form von Selbstliebe.
- Nimm wahr, wie sich Dein Herz mit dem Herzen von Mutter Erde verbindet. Spüre, wie sich die Liebe noch intensiviert und freudiger wird. Dein Feld ist durchdrungen von der Liebe von Mutter Erde. Fühle, wie Du vollkommen in Empfang genommen, gehalten und getragen wirst.
- Nun verbindest Du Dein Herz ganz selbstverständlich mit dem kosmischen Herzen, der Zentralsonne. Fühle, wie Du gehimmelt und

geerdet bist und ein Kind der vollkommenen Liebe.

Jede Zelle Deines Körpers nimmt jetzt diese Energie und höchste Information auf und spült alles durch. Es werden nicht nur Deine Zellen gereinigt, sondern auch die Zellzwischenräume. Spüre, wie alles sich wandelt und erneuert und in einer anderen, höheren Frequenz schwingt. Durch Deine Ausrichtung wirst Du auch physisch regelrecht aufgerichtet. Fühle diese Kraft, wenn sich Himmel und Erde mit Deinem Herzen vereinen und Du Dich mit ihnen. Spüre, dass Ihr eins seid.

Altes fließt einfach von Dir ab und wird von Mutter Erde und der himmlischen Kraft entgegengenommen. Spüre, wie es in Dir immer leichter wird, indem der Ballast abfällt, den Du schon so lange mit Dir herumträgst. Nimm wahr und genieße die Freiheit, die sich mehr und mehr in Dir ausbreitet.

Fühle den freien Raum und die Leere in Dir als ein Sinnbild für Dein Loslassen. Spüre die Leichtigkeit, aber auch Deine neu gewonnene Offenheit. Verweile noch einen Augenblick bewusst in dieser wundervollen Energie. Freue Dich darüber, wie leicht es Dir fällt, diesen Seinszustand zu genießen.

Komme nun ganz langsam wieder zurück in Deinen Alltag und nimm die neue Ausrichtung und Energie mit. Spüre den Energiefluss in Deinem Körper. Er wird aufrechterhalten, auch wenn Du Dich sanft bewegst und Deine Augen langsam öffnest.

Du bist jetzt frei und gleichzeitig durchdrungen von der Liebe. Berühre damit Dein Leben.

Tagesübungen für die zehnte Raunacht

1. Atme, atme und atme!
2. Nimm heute unterstützend ein Meersalzbad oder mache unter der Dusche ein reinigendes Salzpeeling.
3. Feiere das Leben. Wähle einen Song aus, zu dem Du tanzen kannst, und lasse Deinen Körper sich bewegen. Die Bewegungen müssen keiner bestimmten Form entsprechen, lass Dich bewegen vom Leben und lass Dich führen.
4. Welchen Schritt kannst Du heute unternehmen, um Dich in einem Deiner Lebensbereiche ein wenig freier zu fühlen? Gehe ihn jetzt!

Affirmationen für den Oktober

- Mein Herz ist verbunden mit dem Herzen der Erde und dem Himmel.
- Ich bin eins mit Mutter Erde und dem Himmel.
- Ich genieße meine neue Freiheit und lasse geschehen.

Elfte Raunacht
November

Vernimm den Ruf Deiner Seele und antworte ihr,
sie möchte nicht nur singen,
sondern musizieren mit Dir.
Du steigst auf durch Deine Hoffnungen,
Wünsche und Träume,
denn es sind Deine innigsten Herzensräume.
Sie öffnen sich durch Deiner Seele Lachen,
das Feuer des Herzens kann sich himmlisch entfachen.
Du brauchst diese unbändige,
frei fließende Kraft,
sie gebiert Deine Herzensvisionen mit der höchsten Allmacht.

Energie der elften Raunacht

Es keimt die Hoffnung und daraus erst können Träume und Wünsche entstehen. Der Hoffnungsschimmer darf sich wie ein Leuchtfeuer ausbreiten, damit sich Dein Leben neu gestaltet. Habe keine Furcht vor den Veränderungen, die Du doch anstrebst. Das Herz ist dabei Dein Führer und gibt Dir weisen Rat. Baue nicht nur auf Deinen puren Verstand. Dein Herz trägt die Weisheit Deiner Seele in sich und möchte diesen Schatz heben für Dich. Stimme Dich auf Deine Seelenweisheit ein, denn Dein Herz offenbart Dir so, ob die Wünsche Deinem höchsten Wohl dienen. Beginne nun, Deine Energie in diese Art von Träumen zu investieren.

Raum für Träume

Unseren Alltagspflichten gehen wir fast schon perfektionistisch nach. Tagein, tagaus versuchen wir, den Spagat zwischen Arbeits- und Privatleben bestmöglich zu bewältigen. Zeit zum Träumen kommt da gar nicht erst auf. Aber jeder Mensch kommt irgendwann in seinem Leben an den Punkt, an dem er sich fragt: War's das schon? War das mein Leben oder kommt da noch mehr? Manchmal kommt der Moment nach einer Trennung, nach dem Tod eines geliebten Menschen, nach dem Verlust eines Jobs, manchmal, wenn die Kinder ausziehen und die Eltern sich als Paar neu finden dürfen.

Es braucht nicht immer harte Schicksalsschläge und radikale Veränderungen, um sich zu fragen, was man sich eigentlich noch im Leben wünscht. Nimm Dir Zeit für Deine Träume und beantworte folgende Fragen:

- Erlaubst Du Dir noch, zu träumen?
- Welche Herzenswünsche schlummern schon lange in Dir und warten auf ihre Befreiung?
- Kannst Du Dir vorstellen, dass es noch mehr in Deinem Leben gibt als das, was Du derzeit siehst und fühlst? Kannst Du Dir vorstellen, dass das Leben für Dich mehr bereithält?
- Träumst Du noch von einem besseren Leben oder bist Du wirklich bereit, Dich auf Deine Träume einzulassen und sie zu leben?

Meditation

- Atme mehrmals tief in Deinen Bauch hinein und ein wenig länger wieder aus. Lege eine Hand auf Dein Herz und die andere auf Deinen Bauch. Es verbindet sich Dein Bauchgefühl, Dein Unterbewusstsein, mit der Weisheit Deines Herzens. Gleite mithilfe Deines Bewusstseins ganz selbstverständlich hinab und spüre den Raum, den Dein Herz in sich beherbergt.
- Öffne Dich noch mehr mit jedem weiteren Atemzug für die Liebe in Dir. Dein Herz nimmt Dich ganz in Empfang. Lass Dich fallen und fühle, wie alles in Dir weiter, leichter und Du selbst weicher wirst.

- Verbinde Dein Herzfeld mit dem Herzen von Mutter Erde und vernimm, wie stark Deine natürliche Verbindung zu ihr bereits ist. Es ist Dein Geburtsrecht, denn Du verkörperst das Leben. Es ist keine Selbstverständlichkeit, dass Du atmest und mit so wunderbaren Gaben ausgestattet bist. Spüre, in wie viel Liebe Du eingebettet bist.

- Nimm Kontakt mit Deinem göttlichen Teil, Deiner Seele, auf und vernimm ihren Ruf. Du antwortest mit Deiner Liebe, derer Du Dir jetzt bewusst bist. Öffne Dich noch mehr für all die unfassbare Liebe. Du bist aus diesem Ursprung und Teil davon. Fühle und koste diesen Moment vollkommen aus.

- Wenn während der letzten Tage des Loslassens noch Reste vorhanden sind, die Du nicht vollständig gehen lassen konntest, dann beleuchtet Dein Herz sie jetzt noch einmal und hebt sie ins Licht. All die Kräfte zwischen Himmel und Erde wirken in Dir. Lass geschehen, was geschehen möchte, denn Du hast es bereits angestoßen. Es vollendet sich nun der Prozess der Reinigung in Dir.

- Es gleicht einer Neugeburt in die Freiheit. Genieße die Hoffnung, die in Dir aufsteigt, dass sich wirklich etwas verändern kann in Deinem Leben. Gib diesem Gedanken Raum und lass Dich überraschen, was sich an Wünschen und Träumen entfaltet. Erfreue Dich an diesem Augenblick der Offenheit.

- Dein Herz nimmt all dies in Augenschein und

Deine Seele umweht zart mit ihrem Lachen die Wünsche. Herz und Seele besiegeln Deine Träume mit ihrer Energie der Liebe und betten sie darin ein. Nimm wahr, was geschieht und wie sie sich vielleicht noch einmal in diesem Licht wandeln. Bitte um ein Bild, eine Vision, eine Botschaft, wohin die Reise gehen wird und was mit der höchsten Gnade überhaupt möglich ist. Lass Dich überraschen, denn das Universum liebt Wunder.

- Lass Deine Dankbarkeit und Liebe in all das einfließen, so kann das Leben mit Leichtigkeit und auf wundersame Weise auf Deine Wünsche und Träume antworten.

- Kehre jetzt mit dieser erfüllenden Energie zurück in Deinen Alltag. Spüre, wie Du immer mehr all diese Liebesenergie für Dich selbst und das Leben bereits bewusst in Dir trägst. Das Spiel der Liebe ist immer für eine Überraschung gut. Bleibe offen und erwarte das Beste in Deinem Leben.

Tagesübungen für die elfte Raunacht

1. Vor Aufregung nicht das Atmen vergessen!
2. Lege eine Hand auf Dein Herz und verbinde Dich mit ihm. Nimm ein paar Atemzüge und komme ganz mit Deinem Bewusstsein in Deinem Herzen an. Frage Dein Herz, was es sich schon so lange von Dir wünscht. Frage weiter, welche Wünsche und Träume noch

unerfüllt sind und zu Deinem höchsten Wohl wären, wenn Du ihnen die Erlaubnis geben würdest, sich jetzt zu offenbaren. Notiere Dir alle Antworten.

3. Heute ist ein guter Zeitpunkt, um eine Pinnwand, eine Collage oder ein Bild anzufertigen, das all Deine Wünsche, Träume und Visionen versinnbildlicht. Sei kreativ und halte Deine Herzenswünsche und Träume fest.

Affirmationen für den November

- Mein Herz trägt meine Wünsche und Träume in den Himmel. Dort werden sie gesegnet und kehren vervollkommnet in mein Leben zurück.
- Mein Herz offenbart mir meine Wünsche und Träume und ich erlaube mir, diese zu leben.

Zwölfte Raunacht Dezember

Eine Girlande aus Hoffnung,
Vertrauen und himmlischem Gesang
ziert Dein offenes Herz mit vollem Klang.
Alle Kräfte in Dir können sich phänomenal vereinen,
um Dir Mut und Klarheit immer wieder zu verleihen.
Deine Vision vervollkommnet und dennoch frei gelassen,
um dem Leben für die Verwirklichung Raum zu lassen.
So geh jetzt heiter Deine Herzensschritte,
lebe glänzend in Dankbarkeit aus Deiner Mitte.

Energie der zwölften Raunacht

Die Krönung wird vollzogen, denn Du bist nun bereit. Sieh den Weg, den Du hinter Dir gelassen hast, und sieh, wie viel leichter Dein Gepäck jetzt ist. Als neue Gabe besitzt Du Deine fein gestimmten Sinne. Sie mit Deinem Herzen zu vereinen schärft Deine Intuition. Es geht nicht mehr darum, die Kontrolle aufrechtzuerhalten, sondern darum, alles frei fließen zu lassen. Das bedeutet, dass Du Dich vollkommen verschenkst und hingibst an den Moment Deines Lebens. Jawohl, es geht in erster Linie um Dein Leben und nicht um das der anderen. Wie oft lebst Du eigentlich das Leben eines anderen, indem Du dessen unerfüllte Wünsche verwirklichst?

Stimme Dich noch mehr und tiefer auf Deine eigenen Träume und Visionen ein. Wenn diese aus Deinem Herzen geboren werden, dann dienen sie ganz selbstverständlich auch vielen anderen.

Dem Weg des Herzens folgen

Noch wenige Stunden, dann enden die Raunächte und die Tore zur Anderswelt schließen sich wieder. Doch bevor es so weit ist, laden wir Dich ein, noch einmal auf die letzten Tage zurückzublicken. Wie fühlst Du Dich? Kannst Du es kaum erwarten, in das neue Jahr zu gehen, im Herzen offen und bereit für alles, was auf Dich zukommen mag? An diesem Tag liegt eine gewisse Spannung in der Luft, ein Kribbeln, eine leichte Aufregung und kindliche Neugier, die uns umhüllt und danach verlangt, vorwärtszugehen und alles Alte hinter uns zu lassen.

Nutze den Tag, um das Neue in Deinem Leben willkommen zu heißen. Auch wenn Du noch nicht sehen kannst, was da auf Dich zukommt, breite einfach Deine Arme aus und empfange. Sei offen für die Wunder und lasse geschehen. Versuche, nichts zu planen, nichts zu kontrollieren, gib all diese alten Muster noch einmal ab und bleibe offen für die Überraschungen, die das Leben Dir bieten möchte. Schicke noch einmal Wünsche und Träume Richtung Himmel und bitte die geistige Welt, Deine Ahnen, die Naturkräfte und Freunde auf der spirituellen Ebene um Erfüllung Deiner Wünsche und Transformation. Öffne Dein Herz weit und lasse die Liebe und das Leben in Dich hineinströmen.

Nimm Kontakt zu Deinem Herzen auf und beantworte folgende Fragen in Deinem Raunachttagebuch:

- Wer oder was hält mich davon ab, dem Weg meines Herzens zu folgen?

- Was braucht es noch, um mich ganz im Vertrauen auf meine Herzensstimme einzulassen und dieser bedingungslos zu folgen?
- Welche Herzenswünsche sind noch unerfüllt?

Meditation

- Genieße den Augenblick der Stille, indem Du Dich an Deinen Ort der Einkehr zurückziehst. Atme wieder einige Male tief ein und aus. Vernimm, was sich alles bereits getan hat. Du bist nicht nur in den Raunächten vorwärtsgekommen, sondern schon Dein ganzes Leben. Nimm Dir einen Augenblick Zeit und mache Dir bewusst, wie sehr Dich das Leben an sich geschliffen hat.
- Es ist fantastisch zu sehen, dass, auch wenn Du nicht bewusst an Dir arbeitest, Du Dich dennoch entwickelst. Oft machen wir einen besonders großen Sprung, wenn wir durch Herausforderungen gegangen sind. Bedanke Dich innerlich für all die scheinbaren Steine, die Dir in den Weg gelegt wurden und die Dich aufgefordert haben, über Dich hinauszuwachsen.
- Nimm nun wahr, wie viele wohlwollende Menschen Deinen Lebensweg gestreift haben und Dir helfend und unterstützend zur Seite gestanden haben. Es kann nur ein Wort oder ein Lächeln gewesen sein, das Dich dennoch gehoben und bestärkt hat, in Deinem Leben

weiterzugehen. Danke ihnen jetzt dafür. Feiere es, dass Dir jetzt die Fülle, die bereits vorhanden ist, bewusst wird.

Mit der Energie der Dankbarkeit bist Du bereits in Dein Herz gewandert und hast Verstand und Herz vereint. Spüre jetzt ganz bewusst Deinen Herzraum, der sich immer mehr weitet und ausdehnt, damit noch mehr Aspekte von Dir darin Platz nehmen können. Das Herz ist ein großer Transformator. Die Wandlung geschieht manchmal allein durch eine neue Sichtweise. Du beleuchtest die Dinge von einer anderen, neuen Warte aus. Dies öffnet weitere Räume in Dir. Das ist das Erwachen aus dem Traum der Unzulänglichkeiten. Spüre, wie weit Dein Herz bereits geöffnet ist.

Lass noch einmal die bewusste Verbindung mit Mutter Erde geschehen. Verschmilz von Herz zu Herz mit ihr. Spüre, wie sich dadurch Deine Lebensenergie verändert. Danke ihr.

Verbinde Dich nun in Deinem Gewahrsein mit dem kosmischen Herzen. Fühle, wie sich auch diese Verbindung mit jedem weiteren Tag verstärkt und zu einem ganz normalen Sein wird. Die All-Liebe ist mit Dir. Genieße diese Fülle und den Reichtum in Dir.

Durch Deine Dankbarkeit und Liebe stehen Dir nun alle Türen offen. Du hast Deine Wünsche und Visionen hinausgesendet. Mache sie Dir noch einmal bewusst.

Dann werde still, gleite in die Leere in Dir. Werde zu der Stille. Es gibt nichts zu tun, nichts zu bedenken, nichts umzusetzen. Sei die Stille, komme zum Stillstand und zur Ruhe.

- Und jetzt empfange. Du bist ein weit geöffnetes Tor. Empfange das Bestmögliche von der höchsten Quelle. Diese Kraft kennt Dich und Dein Leben und weiß, welche vielfältigen Möglichkeiten Dir gegeben sind. Empfange, wissend, dass es das Höchste ist.

- Bleibe in dieser Haltung und komme so ganz langsam in Dein Tagesbewusstsein zurück. Öffne sanft Deine Augen und erst dann bewege Deinen Körper ganz leicht. Verweile weiter in dem Gewahrsein des Empfangens.

Tagesübungen für die zwölfte Raunacht

1. Leben ist atmen! Atme bewusst neue, frische Energie in Dich hinein und lasse sie sich mit jeder Einatmung weiter in Deinem Körper ausbreiten.
2. Schreibe heute eine Dankesrede. Für wen und was bist Du alles dankbar in Deinem Leben? Schaue, was für Auswirkungen all das bis heute hatte. Als Hilfestellung kann Dir die Dankbarkeitsübung aus dem zweiten Kapitel dienen.
3. Setze oder lege Dich einen Moment bequem hin. Lege eine Hand auf Dein Herz und nimm Kontakt mit dem Zentrum Deines Herzens auf. Frage Dein Herz, welche Botschaft es heute für Dich hat. Frage es, welchen nächsten Schritt Du tun darfst, um Deinen Herzenswünschen näherzukommen. Vertraue auf die

Antworten, die Dich zu mehr Lebensfreude und einem freudigen Herzen führen werden. Lausche Deiner Herzensstimme noch ein wenig und lass Dich von ihr inspirieren.

4. Räuchere heute noch einmal Deinen Wohnbereich gründlich durch und bereinige die angestauten Energien, die jetzt gehen dürfen, damit sich die Wunder in dieser Nacht entfalten können.

Affirmationen für den Dezember

- Ich empfange von der höchsten Quelle.
- Meine Träume sind bereit, sich zum Höchsten zu entwickeln.
- Ich nehme meine Herzensstimme wieder wahr und folge der Weisheit meines Herzens.
- Ich folge meinem Herzen und gebe mich ganz der Führung hin.

♡ ♡ ♡

6. Januar: Neuanfang

Alle Ingredienzen wurden glorreich zusammengetragen,
damit Du Dich an dem
berauschenden Fest kannst laben.
Das Leben selbst möchte Dein Gastgeber sein,
es trägt Dich, damit Du Dir nicht selbst stellst ein Bein.
Niemand möchte Dich testen und stolpern sehen,
es geht um Deine Wahrheit und darum,
zu ihr wirklich zu stehen.
Dein Herz fördert die neue Sicht
auf dieses Leben,
umso wertvoller ist Deine Erfahrung von Empfangen und Weitergeben.

Energie des 6. Januar

Du agierst nicht mehr wie gewohnt aus Deinem kämpferischen Modus heraus, sondern erreichst Deine Ziele in Einklang mit Deinem Herzen. Du setzt es an die erste Stelle. So können echte Herzensträume wahr werden. Sie verwirklichen sich in einer besseren und überraschenderen Form, als Du es Dir in den Grenzen Deines Verstandes überhaupt vorstellen könntest. Befreiung bedeutet, sich dieser Begrenzungen auf allen Ebenen zu entledigen. Das heißt nicht, dass die Barrieren im Außen auch wirklich verschwunden sein müssen. Vielmehr bedeutet es, dass Du Dich davon nicht länger beeindrucken lässt.

Genieße diese neu gewonnene Freiheit in Deinem Leben. Du hörst auf, pausenlos gegen verschlossene Türen zu rennen. Jetzt nimmst Du endlich die vielen Türen wahr, die bereits weit offen stehen. Tritt ein und folge Deinem Herzen mit einem Lachen. Vieles ist nicht so ernst, wie Du oft annimmst. Lache über Dich selbst und entdecke wieder mehr und mehr den Humor, den Spaß und die Freude. Das Leben ist bunt. Du selbst tauchst es in die entsprechenden Farben.

Das Neue beginnt jetzt!

Heute ist der Tag, an dem das neue Jahr eigentlich richtig beginnt. Wir halten noch einmal kurz Rückschau auf die letzten Tage, die Du so fantastisch zum Abschluss gebracht hast. Du hast Dir Zeit und Raum selbst zum Geschenk gemacht und es gewagt, zu träumen, aus Deinem Alltagstrott auszubrechen und Deine eigene Welt einmal aus den Angeln zu heben. Du bist von Deinem Gedankenkarussell abgesprungen und frohen Mutes in Deine Gefühlswelt eingetaucht. Ängste konnten schwinden und erst dadurch konntest Du Deine Kräfte auf allen Ebenen mobilisieren. Dein Leben wurde einer Bestandsaufnahme unterzogen, weil Du Dich dafür geöffnet hast.

Es kristallisierte sich heraus, was bleiben darf und was längst im Außen und im Innen unnötiger Ballast ist. Daraufhin hast Du es gewagt, Altes und Verbrauchtes loszulassen. Die Freiheit und Leichtigkeit wurden integriert, indem Du ihnen Raum gabst. Deinen Mut hast Du bereits bewiesen, als Du Dich befreitest. Deine neuen Träume wurden an die Schwingung Deines Herzens angeglichen und werden nun herzlich von Dir willkommen geheißen.

Träume verwirklichen sich im Leben nicht immer genauso, wie wir es uns vorstellen. Das Leben verfolgt einen viel höheren Plan.

- Wann hast Du zum letzten Mal etwas aus tiefstem Herzen gewollt und es auch tatsächlich erreicht?
- Was war da anders als bei den Projekten und Träumen, die Du nach kurzer Zeit wieder aufgegeben hast?

Du schenkst Deinem Leben nun tiefes Vertrauen, und zwar in der Haltung des Empfangens. Du lässt Dich inspirieren und folgst Deiner Intuition und Begeisterungsfähigkeit. Sie führen Dich auf den Weg Deines Herzens.

Die entscheidende Ingredienz ist nun: Dranbleiben! Wenn Du Dir wirklich im Klaren darüber bist, was Du Dir wünschst, was Du erreichen möchtest, und Du auch bereit bist, wahrhaftig und vor allem längerfristig etwas dafür zu tun, dann kann es nur noch zu Dir fließen.

Meditation

Die Ruhe umfängt Dich, indem Du tief ein- und ausatmest. Spannungen, die in Deinem Körper weilten, gleiten mehr und mehr von Dir ab. Genieße den Frieden, der sich einstellt, indem Du Deinen Fokus auf die Atmung richtest. Deine Gedanken kommen so mit Leichtigkeit zur Ruhe.

- Gehe mit Deinem Bewusstsein wieder in Dein Herzfeld und lass Dich von diesem ganz einnehmen. Spüre, wie viel Liebe bereits durch Dich hindurchströmt. Du bist ein wundervoller Kanal für sie. Dein ganzer Körper sehnt sich nach dieser Liebe und jede Zelle ist bestrebt, in dieser hohen Ordnung zu schwingen. Fühle, wie Dein Körper jetzt seinen Durst stillt und sich neu ausrichtet. Lass es geschehen ohne Dein Zutun in all dieser Liebe.
- Jetzt vereinige Dich wieder mit Mutter Erde. Spüre die Herz-zu-Herz-Verbindung. Du kannst Dich einfach fallen lassen. Übergib ihr alle Sorgen, die Dich belasten. Lass sie einfach abfließen.
- Du wirst immer freier. Deine Schwingung erhöht sich noch weiter und Du dehnst Dich im gleichen Maße aus. Dein Herzfeld nimmt an Kraft und Größe zu.
- Nun verbindest Du Dich mit dem kosmischen Herzen. Du bist Teil dieser Allmacht und tiefen Weisheit. Genieße, wie sich in Dir noch tieferer Frieden einstellt und dass Du Dich noch intensiver fallen lassen kannst. Das Vertrauen wächst in Dir. Erfreue Dich an dieser Wendung.
- Spüre das Getragen- und Eingebettetsein in etwas viel Größeres. Lass Dich von diesem in unfassbares Staunen versetzen und sei dankbar dafür. Diese neue Offenheit befähigt Dich, das Unmögliche mit einer Portion Verblüffung wahr werden zu lassen. Fokussiere Dich auf die Bitte, dass Dir ein Zeichen gesendet wird für all Deine

hervorragende Arbeit während der Raunächte. Lass Dich überraschen, wie das Leben Dir darauf antwortet. Sei einfach in dem Vertrauen, dass es Dir auf eine besondere Weise antworten wird und dass Du in der Lage sein wirst, es wahrzunehmen.

Lasse jetzt los und spüre die Dankbarkeit in Dir. Nimm wahr, wie auch sie von Tag zu Tag wächst. Dein Herz hüpft mehr und mehr in Deinem Leben. Du entdeckst all die Schönheit darin. Erfreue Dich daran und staune immer wieder aufs Neue.

Komme jetzt mit ein paar tiefen Atemzügen ganz in Deinen Raum zurück. Spüre Dein offenes Herz und, wie dieses Gefühl erhalten bleibt, auch wenn Du Deine Hände und Füße ein wenig bewegst und Deine Augen öffnest. Tue, was immer Du tun musst, in Liebe – und Wunder werden geschehen.

Tagesübungen für den 6. Januar und das ganze Jahr

1. Atme Freude und Du bist pure Freude!
2. Mache Dir heute bewusst, was für Wunder und Glücksfälle in Deinem Leben bereits geschehen sind. Schreibe sie nieder, denn so besitzt Du Dein ganz persönliches Wunderbuch. Wenn Du einmal etwas niedergeschlagen bist, nimm es zur Hand und lies darin. Es sind Deine wahr gewordenen Geschichten und all das kann wieder geschehen.

Affirmationen für das kommende Jahr

- Ich bin offen für die Überraschungen des Lebens.
- Ich mache alles in Liebe.

♥ ♥ ♥

Ausklang

Unsere gemeinsame Reise ist nun zu Ende. Wir hoffen von Herzen, dass Du die eine oder andere Anregung als Inspiration aufgegriffen und ausprobiert hast. Vielleicht konntest Du unser Buch als Arbeitsbuch nutzen, hast Dich Raunacht für Raunacht führen lassen und bist Dir dabei ein großes Stück nähergekommen.

Mit den Raunächten geht nichts zu Ende. Im Gegenteil: Es beginnt gerade erst etwas Neues in Deinem Leben. Es darf ein freudvoller Sprung sein, der Dich in eine neue Richtung katapultiert und Dein Leben nicht mehr so sein lässt, wie es vorher war. Genau das wünschen wir uns für Dich. Du hast erfahren, dass das Leben Veränderung ist. Wenn wir ihm erlauben, uns an die Hand zu nehmen, dann führt es uns einen überraschenden, ungewohnten, immer wieder neuen Pfad entlang. Vielleicht gehörst Du zu den Menschen, die einen ganz neuen Pfad erschaffen, den so noch keiner vor Dir gegangen ist. Dann folgst Du wahrlich Deinem Herzen. Nur Du allein kannst Dein Leben leben. Kein anderer vermag, es für

Dich zu tun. Atme, folge Deinen eigenen Schritten und feiere Dich und das Leben.

Von Herzen alles erdenklich Liebe für Dich!

Susanne Gärtner & Katrin Bliedtner-Sisman

Unsere persönliche Dankbarkeitsübung

Mein Dank gilt in erster Linie meinem Ehemann Tahsin Sisman, der mir liebevoll den Rücken frei gehalten hat, und meinen beiden bereits flügge gewordenen Kindern Lisa und Kilian Sisman, die einfach ihre eigenen Wege gehen.

Ich danke meiner Mutter und meinen beiden bereits verstorbenen Vätern für all das Gute, was ich von ihnen bekommen durfte, und meinen Geschwistern Daniela und Christian.

Ganz besonders möchte ich Susanne Gärtner danken für die tolle Reise, die ich während der Entstehung des Buches mit ihr machen durfte und die noch nicht zu Ende ist.

Des Weiteren möchte ich meinen Freunden einfach für ihr Dasein danken: Bettina Braunhold, Monika Gareißen, Gaby Heindl, Erika Lange, Eva Link, Sylvi Riege, Bernd Schneider, Caroline Seis und Christine Streit.

Außerdem möchte ich all meinen Lehrern danken, die mir jeder auf seine eigene Art gezeigt haben, wie viel bereits in mir selbst steckt. Darüber hinaus möchte ich Martin Colclough, und

Kitty Woud vom Arthur Findlay College meinen herzlichen Dank aussprechen für ihre ganz individuelle Art, zu unterrichten und zu inspirieren.

Eure Katrin Bliedtner-Sisman

Mein herzlicher Dank gilt meinen Eltern und Großeltern sowie Tante Herta, die mir in all den Jahren immer unterstützend zur Seite standen.

Mein besonderer Dank gilt meiner Freundin Katrin Bliedtner-Sisman für unsere harmonische und kraftvolle Zusammenarbeit an unserem gemeinsamen Werk.

Ganz besonders danke ich meinem langjährigen Lebensgefährten Rainer für seine Liebe und den gemeinsamen Weg, den wir gegangen sind.

Außerdem sage ich von Herzen Danke an Eva Brandt, Sabine Bevendorff, Paul Gilius, Jutta und Siegmar Glüge, Birgit Krutzsch, Janett Müller, Sabrina Wehring und Marco Volk.

Eure Susanne Gärtner

Unser herzlichster Dank gilt unserem Verleger Lu Schmich und dem Team des Verlags dielus edition sowie unserer Lektorin Manuela Winkler für die zauberhafte, engagierte Zusammenarbeit an unserem gemeinsamen Projekt.

Zu guter Letzt danken wir unseren Patienten, Klienten und Seminarteilnehmern für ihre langjährige Treue und ihr Vertrauen in unser Wirken.

Über die Autorinnen

NATURHEILPRAXIS
KATRIN BLIEDTNER-SISMAN
Heilpraktikerin und Seminarleiterin

„Die Freude liegt nicht in den Dingen,
sie liegt in uns.“ (Richard Wagner)

Katrin Bliedtner-Sisman befasst sich seit mehr als 20 Jahren mit verschiedensten Heilungswegen. Seit 2006 ist sie Heilpraktikerin und spiritueller Coach. Sie ist Expertin auf dem Gebiet der systemischen Aufstellungsarbeit, in die sie mehrere Ebenen mit einbezieht. Selbst bei ernsthaften Themen versteht sie es, über das Feld der Liebe hinauszugehen und die tiefen Schichten des Egos liebevoll zu betrachten und Transformationsprozesse anzustoßen. Mit ihrem Humor ermöglicht sie dem Klienten, neue Kraft zu tanken und mutig dem eigenen Herzensweg zu folgen.

Ihre empathische und authentische Art zeigt dem Klienten neue Wege auf, um sicher und geerdet die höheren Ebenen in den Alltag mit einzubeziehen.

In Einzelarbeit wie auch im Rahmen von Seminaren hat sie sich zusätzlich auf Kinesiologie, klassische Homöopathie, Phytotherapie, Medialität, Trance Healing und Meditationen spezialisiert und inspiriert ihre Klienten, ihrem ganz eigenen Weg des Herzens mutig zu folgen. Sie nutzt dabei alle Ebenen des Menschen, um ihn wieder in seine höchstmögliche Ordnung zurückzuführen.

Zudem gibt sie ihr Fachwissen als Dozentin in der Erwachsenenbildung und ihren Erfahrungsschatz in Büchern und als Seminarleiterin europaweit weiter.

Weiterführende Informationen zu ihrem Praxis- und Seminarangebot finden Sie unter:

www.naturheilpraxis-für-mehr-lebensfreude.de/aktuelles-termine/

NATURHEILPRAXIS
SUSANNE GÄRTNER
Heilpraktikerin und Coach

„Fürchte dich nicht vor Veränderung,
eher vor dem Stillstand.“ (Laotse)

Susanne Gärtner arbeitet seit 2011 als Heilpraktikerin und Coach. Sie ist Expertin auf dem Gebiet der Kinesiologie. Ihre Gesprächsführung zeichnet sich durch die Kunst des richtigen Fragenstellens aus. Ihre Intuition und ihre kraftvolle Ausdrucksweise regen ihre Klienten zur Reflexion über das eigene Leben an und führen sie zu den Ursachen ihrer persönlichen Herausforderungen. Dadurch ermöglicht sie ihnen, ihren individuellen, neuen Weg selber zu finden, um ihn dann kraftvoll gehen zu können.

Weitere Schwerpunkte ihrer Praxisarbeit sind unter anderem systemische Aufstellungsarbeit, Komplexmittelhomöopathie, ONDAMED, pneumatron 200 sowie Entspannungsverfahren.

Ihre Erfahrungen und ihr Fachwissen gibt sie als Referentin in der Erwachsenenbildung in verschiedenen Institutionen und Universitäten sowie im Rahmen von europaweiten Seminaren, auf Messen und Kongressen weiter.

Zudem schreibt sie als Autorin für verschiedene Fachmagazine und veröffentlichte 2018 das Buch „Borreliose – Die verschwiegene Volkskrankheit“.

Weiterführende Informationen zu ihrem Praxis- und Seminarangebot finden Sie unter: **www.hppraxis-gaertner.de/termine/**

Weiterführende Informationen zu ihren Büchern finden Sie auf ihrer Autorenseite unter:

www.gaertner-susanne.de/publikationen/

Literaturverzeichnis

Griebert-Schröder, Vera/Muri, Franziska: Die Rauhnächte als Quelle der Ruhe und Kraft. Der praktische Begleiter für mehr Energie im neuen Jahr. 1. Auflage, München 2014.

Price, Shirley: Praktische Aromatherapie. Vitalität und Lebensfreude durch ätherische Öle. Neuhausen 1988.

Rieder, Beate/Wollner, Fred: Duftführer. Eine Beschreibung von über 90 ätherischen Ölen, ihrer Wirkung und praktischen Anwendung. Erweiterte Auflage, Börwang 1992.

Ruland, Jeanne: Das Geheimnis der Rauhnächte. Ein Wegweiser durch die zwölf heiligen Nächte. 1. Auflage, Darmstadt 2017.

dielus edition
Bücher für ein besseres Leben

Luca Rohleder

Die Berufung für Hochsensible

Die Gratwanderung zwischen
Genialität und Zusammenbruch

ISBN 978-3-9815711-4-1

Dr. Hermann Rühle

Was bin ich? Wie bin ich? Wozu bin ich?

Wie ich erkenne, wer ich wirklich bin

ISBN 978-3-9819383-4-0

Dr. Diana Kolb

Empathin trennt sich von Narzissten

Wie eine wahre Märchenliebe entsteht, wenn die
Schlechten ins Kröpfchen und die Guten ins Töpfchen kommen

ISBN 978-3-9819383-6-4

Monika Richrath

Die Geheimnisse des gesunden Schlafs

Ursachen für Schlafstörungen entdecken und auflösen

ISBN 978-3-9819383-8-8

dielus

Uma Ulrike Reichelt

Schnell & sicher ins Burnout

5 Glücksgesetze, die Sie missachten müssen,
um schnell alt, krank und unglücklich zu werden

ISBN 978-3-9818928-4-0

Sandra Tissot

Du bist umwerfend

Werde dir deiner selbst bewusst

ISBN 978-3-9819383-2-6

Denise Schäricke

Insidertipps Onlinedating

Wie Sie Ihre Chancen, die große Liebe
im Internet zu finden, deutlich erhöhen können

ISBN 978-3-9819383-0-2

Luca Rohleder

Die Liebe empathischer Menschen

Die Gratwanderung zwischen
wahrer Liebe und seelischen Verletzungen

ISBN 978-3-9817975-8-9

---

dielus

dielus edition

Bücher für ein besseres Leben

Andrea Riemer

Botschaften vom Leben

Marie, das Leben, die Liebe und der Tod

ISBN 978-3-9818928-6-4

Monika Richrath

EFT Klopftechnik für Hochsensible

Wie Sie in nur 2–5 Minuten
mehr Lebensfreude herbeiklopfen können

ISBN 978-3-9817975-4-1

Silvia Christine Strauch

Meine Hochsensibilität positiv gelebt

Persönliche Einsichten aus einem langen, bewegten Leben

ISBN 978-3-9817975-0-3

Sandra Tissot

Hochsensibilität und die berufliche Selbstständigkeit

Wie sich ein Sensibelchen selbstständig machte
und seine Lösung für das hochsensible Berufsleben fand

ISBN 978-3-9817975-6-5